AMPHITHÉATRE DES SCIENCES MORTES

COMMENT ON DEVIENT

MAGE

ÉTHIQUE

PORTRAIT PITTORESQUE GRAVÉ PAR G. POIREL

L'ŒUVRE PELADANE

La Décadence latine (Éthopée)

I. LE VICE SUPRÊME (1884-1891, Dentu).
II. CURIEUSE (1885-1891, Dentu).
III. L'INITIATION SENTIMENTALE (1886-1891, Dentu).
IV. A CŒUR PERDU (1887-1891, Dentu)

V. ISTAR, 2 volumes (1888-1891, Dentu).
VI. LA VICTOIRE DU MARI (1889, Dentu).
VII. CŒUR EN PEINE (1890, Dentu).

Second Septénaire

VIII. L'ANDROGYNE (1891, Dentu).
IX. LA GYNANDRE (1891, Dentu).
X. LE PANTHÉE (1891, Dentu).
XI. TYPHONIA (pour février 1892).

XII. LE DERNIER BOURBON (mai 1892).
XIII. LA LAMENTATION D'ILOV.
XIV. LA VERTU SUPRÊME.

ORAISON FUNÈBRE DU DOCTEUR ADRIEN PELADAN (Dentu).   1 fr. 50
ORAISON FUNÈBRE DU CHEVALIER ADRIEN PELADAN (Dentu).   1 fr. 50

La Décadence esthétique (Hiérophanie)

I. L'ESTHÉTIQUE AU SALON DE 1881.
II. — — 1882.
III. — — 1883.
IV. — — 1883.
(1 vol. in-8, 7 fr. 50, premier tome de l'Art ochlocratique, avec portrait de l'auteur (Dentu).
V. FÉLICIEN ROPS (brochure, Bruxelles ; épuisée).
VI. L'ESTHÉTIQUE AU SALON DE 1884 (l'Artiste).
VII. LES MUSÉES DE PROVINCE.
VIII. LA SECONDE RENAISSANCE FRANÇAISE ET SON SAVONAROLE.
IX. LES MUSÉES D'EUROPE d'après la collection Braun.

X. LE PROCÉDÉ DE MANET.
XI. GUSTAVE COURBET.
XII. L'ESTHÉTIQUE AU SALON DE 1885 (Revue du monde latin).
XIII. L'ART MYSTIQUE ET LA CRITIQUE CONTEMPORAINE.
XIV. LE MATÉRIALISME DANS L'ART
XV-XVI. LE SALON DE JOSEPH PELADAN 1886-87 (brochure, Dalou, édit.)
XVII. LE SALON DE JOSEPH PELADAN 1889 (journal le Clairon).
XVIII. LE GRAND ŒUVRE, d'après Léonard de Vinci.
XIX. LES DEUX SALONS DE 1890 avec trois mandements de la R + C (Dentu).

(INTRODUCTION à l'histoire des peintres de toutes les écoles, depuis les origines jusqu'à la Renaissance, avec reproduction de leurs chefs-d'œuvre et pinacographie spéciale, in-4, format du Charles Blanc. Parus : L'Orcagna et l'Angelico, 5 francs. — Rembrandt, 1881 (épuisé).

Théâtre

LE PRINCE DE BYZANCE (refusé à l'Odéon et à la Comédie-Française).
LE SAR MERODACK BELADAN (tragédie en quatre actes).
LE FILS DES ÉTOILES, en 3 actes.

Amphithéâtre des sciences mortes

I. COMMENT ON DEVIENT MAGE (éthique). In-8 (Chamuel, 7 fr. 50).
II. COMMENT ON DEVIENT FÉE (érotique), pour février 1892.
III. COMMENT ON DEVIENT ARTISTE (pneumatique), en préparation.
IV. LE TEMPLE DE ROSE-CROIX (polémique), en préparation.
LES SEPT TYPES PLANÉTAIRES (astrologie).

SAR MÉRODACK J. PELADAN

Ad Rosam
per Crucem, ad Crucem
per Rosam; in ea
in eis gemmatus
resurgam.

Non nobis
non nobis Domine
sed nominis tui
gloriæ soli
Amen

AMPHITHÉATRE

DES

SCIENCES MORTES

COMMENT
ON DEVIENT
MAGE

ÉTHIQUE

AVEC UN PORTRAIT PITTORESQUE
GRAVÉ PAR G. POIREL

1892

PARIS

AV COMTE

ANTOINE DE LAROCHEFOVCAVLD

GRAND PRIEVR DV TEMPLE

ARCHONTE DE LA ROSE † CROIX

Frère d'œuvre,

Votre nom ancien et brillant, qu'il rayonne au fronton de l'œuvre préférée ; pour tenants, je lui attribue et mon amitié la plus vive et mon admiration formelle.

En notre restauration de la Rose † Croix du Temple, Votre honneur est extrême : il passe le mien.

Je Vous ai apporté un rêve d'idéal militant et Vous l'avez réalisé.

Pendant la récente clameur du journalisme, ma fortune toujours extrême, à dextre comme à senestre, voulut que Vous lussiez mon esthétique ; Vous y avez retrouvé la Vôtre écrite et motivée.

A notre première rencontre ne semblait-il pas que l'un

révélait à l'autre sa propre pensée. Quelques heures suffirent à la conjugaison de nos verbes, à un pacte qui déjà intéresse toute la culture occidentale.

Votre enthousiasme se prolongea en courage du genre le plus rare dans ce pays. Avec quelle sérénité impavide Vous avez reçu ce baptême de l'injure, sacrement de l'enfer que Paris impose à toute chevalerie de lumière !

Descendant de la plus anéantie des races humaines, sans pays, sans prestige, j'étais forcé à être grand, sous peine de ne pas être.

Mais Vous, comblé des faveurs de la naissance, Vous pouviez, comme un simple d'Orléans, aller de l'écurie au cercle, appliqué seulement au sport et à l'adultère, à l'instar de Votre faubourg.

Non ! l'art se révéla à Vos yeux d'œlohite la seule aristie, et, prenant des pinceaux, Vous avez eu du talent comme un manant ; Vous qu'un si beau nom autorisait à la paresse décorative.

Ici commence ce mérite que Vous deviez étendre jusqu'à la gloire.

A ce point d'horizon intellectuel il Vous apparut que les hommes, les temps et les lieux valent ou s'inanisent, dans la proportion même où ils adorent la Beauté.

Un zèle singulier Vous visita, palpitant en Votre âme, et l'agrandit en hauteur jusqu'à la notion abstraite.

Nos mains s'unirent non pas en émulation mutuelle,

mais en un vœu de lumière, en une prise de Rose ☦ Croix.

Délivrer le saint sépulcre où depuis la Renaissance la Beauté salvatrice est ensevelie, défendre les pèlerins qui portent encore le bourdon de l'idéaliste et porter, à la face du siècle, les couleurs du ciel : voilà l'œuvre où nos deux entités se résolvent en un même effort.

Entre la noble entreprise de Bayreuth et la geste de la Rose ☦ Croix, comme de Vous à Louis de Bavière, il y a une ressemblance.

Là-bas et ici, l'idée de fête intellectuelle se manifeste selon une même formule.

« La religion s'est faite art pour parler aux masses : L'art se fera religion pour parler au petit nombre. »

Bayreuth est le temple d'un seul génie, et Louis de Bavière n'adora l'art que dans un art et une œuvre uniques.

Accomplissant selon l'ordre du théâtre ce que je conçois je n'atteindrai pas la magie du daimon de Walfried ; et Vous-même ne pourrez de longtemps donner la réalisation inouïe de Bayreuth.

Mais, de même que je suis à cette hauteur où mon œuvre personnelle ne me représente que l'autorité nécessaire à me dévouer pour l'autrui esthétique, et à le servir en le guidant ; de même Vous aimez le beau mystiquement et en Dieu.

La Rose ☦ Croix du Temple célèbre non pas les rites

d'un art et d'un artiste, mais le culte intégral de tous les arts et de tous les maîtres.

Là réside sa beauté ; là se base sa force.

Le scrupule dans les moyens, la sagesse envers les tentations de l'immédiat toujours imparfait, embarrasseront peut-être la geste esthétique de 1892.

N'importe! Pour la première fois, depuis trois cents ans, les beaux-arts, impérieusement subordonnés à la plus inflexible métaphysique, se manifesteront; à la fois traditionnels par leur essence, et modernes, actuels, en avant, par la préférence donnée à toute nouveauté technique qui ne disconvient pas aux normes magiques.

Je Vous promets le respect des siècles pour un tel programme, qui soulèvera sans doute la seule blague du sale boulevard.

Ainsi, Grand Prieur, Votre noble rôle passe celui de Louis II, qui éleva un temple, certes à un demi-Dieu, tandis que Vous dédiez un Panthéon à toutes les gloires, tandis que Vous ouvrez un asile à tous les fervents.

La Rose ✝ Croix du Temple réalise la divine charité et envers les Signorelli et les Palestrina et envers les Marsile et les d'Olivet, ranimant leurs autels déserts ou éteints ; et aussi allumant pour les jeunes nautes de l'éternel Argo, ce phare sauveur qui s'appela la Magie pour l'Orient, Elensis pour la Grèce, et Rome pour les chrétiens d'avant 1600.

Tout verbe a un cerveau et un cœur lorsqu'il se fait chair, se manifestant ; si mon atavisme d'intellectualité et ce que j'ai souffert pour l'idéal me valent cet honneur sans égal d'être la pensée de l'ordre : Vous, par le sublime enthousiasme qui Vous meut, Vous êtes le cœur, le cher cœur de la Rose † Croix.

Vous êtes le Siegfried esthète qui tuera le dragon du réel ; ou plutôt, car le catholicisme domine nos élans comme le symbole de Wagner, Vous êtes, non pas ce héros que Vigny méprisa parmi ses ancêtres et si fréquent dans l'histoire de Votre noble maison ; Vous êtes le chevalier de Montsalvat, l'envoyé du Graal.

Ah ! le salut de Gurnemanz, je Vous le dois. Vainement les Falsolt et les Fafner, les Abérich et les Mime, les Telramund et les Ortrude emmêleront leurs sales mains pour arrêter Vos pas, hurleront de leur vilaine voix pour étourdir Votre prière.

Voyez, voyez le Beauséant se dérouler noir et blanc, le Saint-Graal y rougeoie et la Rose crucifère palpite des ailes mêmes du Saint-Esprit qui l'insuffle.

Sur le blanc manteau, la bave des journaleux fait des franges d'argent ; à chaque combat, le miracle du Graal rougeoie plus vivement et la Rose enchante de son parfum la croix consolée.

O mon noble pair, le journalisme en sa caverne dresse

et agite pour notre effroi, un monstre terrible? non, la blague; non, le ridicule.

O niais méchants, quel que soit le sort humain de notre œuvre, elle est réalisée dans le ciel, pour le siècle infini.

Au lendemain de la mort, l'archange Arthus nous recevra à la table ronde du Paraclet.

Votre gloire, Ami, est au mains des anges et non pas des boulevardiers.

Avec une sérénité que seul un rayon du Saint-Esprit peut épandre sur une œuvre mortelle;

Au nom de Joseph d'Arimathie, notre père de piété, au nom de Dante, notre père de pensée, au nom de Hugues des Païens, notre père d'action :

Vous qui venez au moment où l'Idéalité succombe sous la calomnie de toute une époque, je Vous salue pour la gloire éternelle, — le Lohengrin de l'idéal !

SAR MÉRODACK PELADAN.

Paris, octobre 1891.

PRIÈRE

DE SAINT THOMAS D'AQUIN

TRÈS PROPRE A PRÉMUNIR LE LECTEUR CONTRE LES ERREURS POSSIBLES DE CE LIVRE

Creator ineffabilis, qui verus fons luminis et sapientiæ diceris, infundere digneris super intellectus mei tenebras, tuæ radium charitatis duplices, in quibus natus sum, a me removens tenebras, peccatum scilicet et ignorantiam. Qui linguas infantium facis esse disertas, linguam meam erudias, atque in labiis meis gratiam tuæ benedictionis infundas. Da mihi intelligendi acumen, retinendi capacitatem, interpretandi subtilitatem, addiscendi facilitatem, loquendi gratiam copiosam : ingressum instruas, progressum dirigas, egressum compleas. Per Christum Dominum nostrum. Amen.

ÉLENCTIQUE

Je crois et je proclame que l'Église catholique, apostolique et romaine est la Vérité. Je fais profession d'en être le fils et je lui promets mon intelligence et mon sang.

Je reconnais l'infaillibilité du Pape prononçant sur le dogme « Ex cathedra » et « urbi et orbi ».

Quoique ma conscience et ma science ne reprochent aucune hétérodoxie, je suis prêt à brûler mon œuvre de mes propres mains, si Pierre l'infaillible la jugeait mauvaise ou intempestive.

S. I. P.

AUX ANCÊTRES

Ta gloire, ô Babilou, je l'ai manifestée.

*Par la vertu de mon art, la lèvre humaine pro-
nonce de nouveau le nom de tes dieux (1).*

*Ta doctrine, ô Kaldée, j'ai songé nuit et jour à
la restaurer, et voici que j'élève la première enceinte
et la première terrasse de la grande tour : L'AMPHI-
THÉATRE DES SCIENCES MORTES.*

*Poète, j'ai dit tes belles nuits de science pieuse (2),
pays des patriarches, terre d'Abram et de Mosché.*

---

(1) Les héros de l'éthopée : LA DÉCADENCE LATINE portent tous un
nom de Dieu Kaldéen.

I. *Le Vice suprême* (MERODACK).
II, III et IV. *Curieuse, Initiation. A Cœur perdu* (NEBO).
V. *Istar* (ISTAR, NERGAL).
VI. *Victoire du mari* (ADAR).
VII. *Cœur en peine* (BELIT, TAMMVZ, ISDVBAR).
VIII. *L'Androgyne* (SAMAS, AGVR).
IX. *La Gynandre* (TAMMVZ).
X. *Le Panthée* (BHIN et SELA).
XI. *Typhonia* (SIN et VRUK).
XII. *Le Dernier Bourbon* (ANOV et NAMTAR).

(2) *Le Fils des Étoiles*, pastorale kaldéenne en trois actes, avec une
suite harmonique d'Erik Satie (sera refusée à l'Odéon).

*J'ai fait la lamentation sur toi, Mérodack Beladan,
dernier Sar de l'histoire (1).*

*Que ta sagesse — Race auguste, ma Race, rivale des
Égyptes, qui éduqua le Kelte et d'où sortit Orphée (2)!
— Que ta sagesse qui a donné des prêtres à tous les
peuples, ô toi qui par les Tosques fit renaître Babylou
à Florence, — que ta sagesse, Race de la pensée, Race
de Léonard et du Dante — que ta sagesse m'illumine.*

*Le nabi d'Israël a semé sur toi les paroles du
néant, les paroles qui tuent, les paroles qui enseve-
lissent, terre des Kaldéens !*

*Mais voilà que le dernier Sar a confessé Jésus et
son Église : et par le Tout-Puissant crucifié, par le
nom et par le signe qui sauvèrent le monde : au nom
du Dieu, seul Dieu, qui descend dans l'hostie :*

*Lazare Kaldéen, révélation première, Lazare du
mystère antique, lève-toi — et marche convertir ou
confondre les Aryas Barbares.*

*Et toi, taureau ailé à face humaine, qui si long-
temps veilla au seuil de mes palais, dresse-toi au
seuil de l'œuvre.*

Esprit de la terre, souviens-t'en !
Esprit du ciel, souviens-t'en !

SAR MÉRODACK PELADAN.

(1) *Le Sar Merodack Beladan*, tragédie eumolpide en quatre actes (sera
refusée à la Comédie Française).
(2) *Dans la Genèse Orphakasd :* Orphée kasdéen : kaldéen.

AU JEUNE HOMME CONTEMPORAIN

Voici le livre qui manqua à ma vingtième année.

Reçois, M. F., ce don précieux que te fait non l'expérience de mes trente ans, celle même du génie humain.

Ne cherche pas si tel précepte m'appartient ou si je l'emprunte à Pythagore. Est-il le meilleur ? Suis-le !

Tous les fils de cette Prostitution qu'on nomme Journalisme te détourneront de mon enseignement : ceux même que j'ai initiés contesteront ma science, et toi-même, déçu de ne pas trouver ici ce clair-obscur de l'idée qui la rend stérile, mais combien séduisante, tu l'écarteras.

Jamais on ne publia un livre avec une égale indifférence de son destin : j'accomplis une promesse tacite, je répare le mal que j'ai pu faire, malgré ma très pure intention.

Avant 1881, la Magie était absente de la culture française : je lui ai rendu la lumière et la gloire, non par des

2

*traités téméraires et dangereux, mais sous une forme
d'art qui n'engageait pas la sainte science en mes possibles
écarts.*

*J'ai révélé la Magie, c'est-à-dire je lui ai donné l'accom-
modation contemporaine. A ceux que le Mérodack du
vice suprême a égarés, à ceux qui sont venus me demander d'achever en eux le travail confus né de me lire,
j'offre cette méthode pratique d'automagification.*

*Pour obéir à mon seigneur Jésus, j'ai charitablement
établi mon ascèse dans un sens général et moyen qui la
rendit praticable au pauvre comme au riche, à l'artiste
comme au mondain : seuls le prêtre et le soldat sont
exclus. L'un parce qu'il appartient à l'Église dont je
ne suis moi-même que le fils dévoué ; l'autre parce qu'il
appartient à l'Absurde, et qu'il sortirait de ce livre
déserteur ou réfractaire.*

*J'avertis encore ceux qui président aux infamies collec-
tives que j'enseigne le mépris des droits et des devoirs
du citoyen.*

*Par mon père, le chevalier Adrien Peladan, affilié
dès 1840 à la néo-templerie des Genoude, des Lour-
doueix, qui, cinquante années tint la plume au clair pour
l'Église contre les parpaillots, pour le Roy contre la
canaille, — j'appartiens à la suite de Hugues des Païens.*

*Par mon frère, le docteur Peladan qui était avec Simon
Brugal, de la dernière branche des Rose ✝ Croix, dite de*

Toulouse, comme les Aroux, les D'Orient, les vicomtes de Lapasse — et qui pratiqua la médecine occulte, sans rémunération — je procède de Rosencreuz.

Par mon œuvre, je suis le doyen de la Magie contemporaine; par mon nom et mon Verbe, *j'appartiens à la race sacrée des Kaldéens, mais j'appartiens surtout à Pierre, mon suzerain et au saint Ordre qui m'a commis son destin.*

Que ma volonté de lumière soit bénie de vous, mon Dieu et que mon œuvre vaille pour mon salut, — et le lien lecteur.

Ainsi soit-il !

LIVRE PREMIER

———

LE SEPTÉNAIRE

DU

SORTIR DU SIÈCLE

COMMENT ON DEVIENT MAGE

I

LE NÉOPHYTE

Le premier soin de l'homme supérieur, dès qu'il est conscient de lui-même, réside à sculpter, à ciseler son être moral : la théorie de la perfection chrétienne n'est que l'initiation sublimée.

Oui, l'homme a le devoir et le pouvoir de se créer une seconde fois, selon le bien. On demande quel est le but de la vie : il ne peut être, pour l'homme qui pense, que l'occasion et le moyen de faire un chef-d'œuvre de ce bloc d'âme que Dieu lui a donné à travailler ; et comme la plupart ne songent pas à accomplir cette seule œuvre commandée, l'enfer, devenu nécessaire, sera peuplé par les entêtés pervers qui n'auront pas voulu se recréer. Le ciel peut se définir la corporation du bien ; on n'y entre qu'après avoir fait son chef-d'œuvre, c'est-à-dire après avoir soi-même séparé « la terre du feu, le subtil de l'épais », comme dit la Table d'Émeraude, avoir enfin dégagé son âme de la gangue des instincts et tiré par l'effort religieux ou magique une statue du bloc qu'on était. (*Le Vice suprême*, Dentu, 1882 ; premier roman de l'éthopée *la Décadence latine*.)

I

LE NÉOPHYTE

Nom divin : ʼ.

Sacrement : Baptême.

Vertu : Foi.

Don : Crainte de Dieu.

Béatitude : Pauvreté d'esprit.

Œuvre : Instruire.

Ange : Michaël.

Arcane : L'Unité.

Planète : Samas.

Le premier sacrement de l'Eglise signifie lavage et nous purifie de l'originel péché. A son premier effort, la Magie dégage l'individu de toutes les scories que l'éducation stratifie sur la personnalité, afin que prenant conscience de lui-même, il puisse rendre par son effort la grâce prolifique : l'effort tenant ici le sens plus étendu du mot « mérite ».

L'Église nous donne le baptême sans que nous

soyons en état de le désirer ; la magie ne nous donne le mystère que si nous sommes conscients du baptême : elle vient sommer le baptisé de faire les œuvres d'enfant de l'Église et d'enfant du Mystère, à la fois.

En prenant ce livre tu as heurté ton coude et renversé un fragile bibelot, souvenir d'un cher être disparu. Alors, tristement tu as évoqué et à mesure que le souvenir s'est déroulé, tu as pensé à la faiblesse de ton cœur tout à l'heure plein d'oubli, maintenant plein de peine, et, ta mélancolie s'élevant, cette idée a surgi que l'homme est une nef désemparée dès que souffle le vent d'une passion où même la brise d'un souvenir. Analyse : le heurt, sensation ; le regret, sentiment ; l'idée générale, spiritualité.

Autant de claviers que tu enfermes, autant de clefs où la vie s'écrit en toi. Tu es donc corps, âme, esprit : saint Thomas te le dit comme Paracelse.

Comprendras-tu maintenant, si je t'annonce que ce livre t'enseignera le gouvernement de ton âme.

Objecterais-tu que ta famille t'en a parlé, t'en a dégoûté ou que l'Église te l'enseigne.

L'Église a donné le chef-d'œuvre de l'animisme passif ; elle t'a dit d'obéir à ton père et à ton curé ; mais si tu es destiné à un destin d'exception, ton père et ton curé ne peuvent te conduire ; ils ne le peuvent pas par dignité même : car il faut te donner des conseils de complice, t'inciter à des hardiesses périlleuses.

Je t'ai promis de t'apprendre *Comment on devient Mage.*

Sais-tu ce qu'on entend par cette expression « cet homme est un caractère » ? Eh bien, un mage est d'abord cela. Jusqu'ici la pédagogie hermétique t'a parlé de toute-puissance, de faire de l'or, des talismans et des charmes : ce sont des impostures, tu ne seras jamais que *le roi spirituel d'un corps et d'une âme* ; mais si tu y parviens, si ton *esprit fait* du corps un esclave et de l'âme un ministre intègre, alors *tu agiras sur autrui dans la proportion même où tu auras agi sur toi.*

Ne cherche pas d'autre mesure du pouvoir magique que celle de ton pouvoir intérieur : ni d'autre procédé pour juger un être, que la lumière qu'il répand. Se perfectionner pour devenir lumineux, et comme le soleil, échauffer la vie idéale latente autour de soi, voilà tout le mystère de la plus haute initiation.

Le catholicisme, cette religion parfaite, comme ses sœurs aînées imparfaites, se base sur le plan animique, avec d'autant plus de raison que la spiritualité est un phénomène presque rare ; tandis que l'essence de la religion la fixe au point où le plus grand nombre peut converger. Toute vie et toute heure de la vie comportent la divine charité ; combien peu d'existences et de moments dans ces existences où l'intellectualité ait lieu ! Même pour le génie, même pour le mage, l'inspiration éployée et la méditation planante ne sont jamais coutumières, tandis que sans cesse leur âme, comme celle du simple, est en action, en option. Voici donc un cours d'affectivité idéale que j'entreprends. « Quoi, diras-tu, je serai mage, le jour où je saurai sentir d'une certaine sorte ? » Oui, M. F., car le jour où tu auras bridé l'instinct et dressé ton cœur selon le rite de clarté, tu n'auras plus que quelques volumes à lire ; je te les réduirai en un seul, si les barbares de France ne m'entravent point. Crois dès à présent que les exercices animiques que tu vas lire représentent d'inouïes difficultés, et que tel dont la pensée t'éblouit, n'est en intimité qu'une volonté sans cesse défaillante et une âme à la cape.

Tu as vingt ans, tu habites une ville prétendument civilisée ; hier, tu étais empoisonné moralement par la Locuste nationale, l'Université ; demain tu seras livré à la torture, également nationale. Collégien de la veille, prochain soldat, entre la chiourme d'où tu sors et celle où tu vas entrer aujourd'hui, sens-tu en toi l'impériosité d'un être fier, es-tu quelqu'un ou bien une chose sociale ?

A peine lavé du matricule lycéen, promis au matricule de la caserne, victime du professeur, bientôt victime de l'officier, veux-tu la dignité, la véritable, l'honneur, le vrai, dis, les veux-tu? Tu te troubles, ami : je te semble le mauvais génie et mes paroles de rébellion te font peur, et tu crois que je veux d'abord t'apprendre la haine.

O mon ami, assure-toi : je te dirai à qui porter ton respect, à qui vouer ton amour. Mais il faut que tu renonces au collectif pour naître à la personnalité.

La Société est une entreprise anonyme pour la vie à émotions réduites. Né en France, considère la France comme une agence Cook. Descendu du breack universitaire, le caporal va succéder au pion, et puis tu seras avocat, c'est-à-dire un scélérat, complice de tous les crimes, recéleur de tous les vols, participant à toutes infamies ; entre le mal et la justice, tu jetteras le jeu de l'acteur, le mensonge de la femme, la mauvaise foi du protestant ; ta gloire sera de faire innocent le coupable ; et telle est l'injustice humaine, que toi l'empêcheur de justice, tu es utile. Te borneras-tu au rôle de complice, de compère des bandits ? oh ! non. Fils de bourgeois, ton jeu d'acteur, tes mensonges de femme, ta mauvaise foi de protestant, ton cynisme de journaliste, tout cela tu le dois à ton pays. Raté et pares seux, ignorant et creux, à quoi es-tu bon ? la totale incapacité où te mènera-t-elle ? Eh ! tu n'hésites pas, les affaires de ton pays, patriote, le sort de la cité, ô citoyen, voilà la matière où tu vas épuiser ta canaille

rie : tu n'as plus à fausser le jugement de trois en-
nuyés ou la somnolence d'un jury, tu n'as qu'à recra-
cher un mélange de Robespierre et de Prudhomme,
pour être député par le peuple : ensuite la chefferie de
l'État n'est plus qu'une question de nullité et le porte-
feuille une question de bassesse. Si tu sais te tenir
comme un jeune premier de chef-lieu, tu peux être
ambassadeur, ou diriger les Beaux-Arts.

Avocat sans cause ou candidat sans collège, que feras-
tu ? La Société t'a donné deux brevets d'aptitude supérieure ; bachelier, licencié, tu ne sourcilleras pas, tu
seras journaliste ; en ce métier on fume, on boit et on
voit beaucoup de monde, et cela ressemblerait à la
prostitution, s'il n'y avait la considération en plus.

Jadis un journalisme existait, politique ; le progrès
a marché, il y a le pollutionnel ! tu peux choisir entre
la fausse nouvelle et la fausse littérature, entre le repor-
tage et le chantage. Les honnêtes, les vaillants, ceux
qui ne t'estiment pas, tu peux les insulter, tu es le prêtre
de l'opinion. Cependant si tu dépasses tes confrères en
proxénétat apprends l'escrime ; le duel est la dernière
raison d'être du sacripant civilisé, et pour le boulevard, un monsieur qui se bat est toujours assez propre.
La presse ayant hérité de la féodalité, en être reste le seul
moyen de toucher des dîmes. Tu auras ta place sur
toutes banquettes de théâtre et de railway et même la

poignée de mains des honnêtes gens, parce que leur œuvre et leur pain dépendent de ton humeur.

Si j'ai insisté sur ces deux criminalités, de l'avocat et du journaliste, c'est qu'elles rendent insusceptibles de devenir mage, car dans le premier cas, tu fausses des notions délibérément, dans le second tu es l'entrepreneur de ténèbres, le proxène universel : ce sont les deux plaies de l'époque.

Militaire, tu ne peux être mage ; l'obéissance passive rend indignes ceux qui l'imposent et ceux qui la supportent. Militaire, tu es toujours un possible criminel, puisque tu es souvent exposé à voler et tuer pour un intérêt collectif, à profaner les idoles et même le temple du vrai Dieu, comme en 1880.

Vois déjà deux conditions de ce catéchuménat.

Ne jamais mentir, ne jamais se servir du Verbe, mais le servir ; et d'un autre côté, ne subir que le Verbe à principe divin.

« Mais, diras-tu, que dois-je faire ? » Ce que ta sécurité, d'accord avec ton idéalité, te conseillera.

Si tu portes un uniforme comme un vaincu, tu souffres et la souffrance te défend de la souillure ; si tu le portes aisément tu n'es pas digne de le quitter.

La Société ouvre à la jeunesse des lupanars sans volupté, des écoles sans Dieu ; elle offre à ton activité des carrières avilissantes ; elle propose à ton âge mûr des honneurs ridicules. J'interviens et te dis : Jeune homme, isole-toi pour grandir.

Par ta triple nature, tu as à vivre des sensations, des sentiments et des idées : pour parvenir à la portée idéale, il faut d'abord que tu te transposes l'instinct en sentiment ; c'est-à-dire que tu deviennes incapable d'un plaisir sans imagination.

Ici se place l'opération la plus difficile pour toi ; il s'agit de t'analyser, pour découvrir ta vocation et par là connaître ce que tu dois fomenter et ce que tu dois restreindre :

La personnalité humaine, pour mes ancêtres se prismait en sept astralités, chacune correspondante à une vocation (1).

Samas : Soleil, moi absolu expansif.

Sin : Lune, moi intermittent réceptif.

Adar : Saturne, moi absolu résorbé.

Merodack : Jupiter, moi rayonnant.

Nergal : Mars, moi tyrannique.

Istar : Vénus, moi séductif.

Nebo : Mercure, moi égoïste, pénétrant les autres.

Es-tu blond, à peau citrine, la vue délicate, la main petite, le nez noble sans ampleur, confiant en toi-même et sans besoin de suffrage ?

(1) **Astrologie** kaldéenne, *les Sept Types planétaires de l'Homme.*

Es-tu blafard, la tête ronde, l'œil saillant, capricieux, rêveur, tendre ou pervers, paresseux, tout changeant ?

Es-tu grand, lent, bilieux, sombre, soupçonneux, sectaire et penseur ?

Es-tu gras, rose, vaniteux et bon, goutteux, déjà un peu chauve, généreux comme ambitieux ?

Es-tu efféminé, seulement ouvert aux impressions nerveuses, sans idée ni effort ?

Es-tu petit, souple, aux doigts pointus, habile à tout, sans cœur que pour toi-même ?

Pour plus de clarté, Léonard est un type de solarien ; Beethoven de lunarien ; Michel-Ange, Dante et Wagner de saturniens, Rubens et Titien de jupitérien ; Ribera de marsien ; Raphaël de vénusien etc.

Mais ces grands hommes ont chacun deux planètes secondaires.

Le solarien est destiné à la gloire et au malheur en amour. Le lunarien poète ou musicien doit choisir un parti de vie errante et aventureuse.

Le saturnien, type du fondateur d'ordre, est désigné aux grands travaux de la science et de la foi.

Le jupitérien naît pour les fonctions sociales et la pontification en toutes choses.

Le marsien représente les actifs, les violents.

Le vénusien les passifs et les passionnés.

Le mercurien les habiles, les anormaux et les égoïstes pratiques.

L'espace de plus amples désignations, je ne l'ai pas.

Pour plus de détails, je te renvoie à mon astrologie kaldéenne. Voici seulement une indication des sept méthodes de l'individualisme :

Méthode solaire : dans la vie, apparaître pour donner une œuvre, dire une parole et disparaître. Attendre d'être connu pour vouloir être aimé ; vivre seul sans intimes, et tout demander à la gloire.

Méthode lunaire : voyager, veiller, donner au vent et à l'aventure, les idées venant chez ce type par les impressions, et les sentiments par les idées.

Méthode saturnienne : resorption physique et morale, chasteté, contemplativité, vie à l'écart jusqu'à des circonstances mûres pour un seul éclat dans la vie et très lentement préparé.

Méthode jupitérienne : se mêler au mouvement contemporain, fût-ce pour le combattre. La personnalité n'a ici de force que par le consentement de l'entour.

Méthode vénusienne : opérer par le charme du caractère, des manières, agir séductivement, être coquet avec la vie, et don Juan vis-à-vis des êtres.

Méthode marsienne : impériosité et violence, coup hardi, procédé affronteur et irréfléchi : impossibilité de penser.

Méthode mercurienne : persuasion et souplesse, dénouer et ne jamais trancher, mode diplomatique minutieux et patient.

Le faste du Soleil, la gloire; le néfaste, l'esseulement moral.

Le faste de la Lune, la poésie; le néfaste, perversité.

Le faste de Saturne, la pensée ; le néfaste, fanatisme.

Le faste de Jupiter, les honneurs ; le néfaste, l'égoïsme.

Le faste de Vénus, la passion; le néfaste, folie.

Le faste de Mars, l'activité; le néfaste, brutalité.

Le faste de Mercure, l'habileté; le néfaste, mensonge.

Samas doit se tempérer en Nebo

Sin	—	en Samas
Adar	—	en Sin
Mérodack	—	en Adar
Istar	—	en Nergal
Nergal	—	en Mérodack.
Nebo	—	en Istar.

Es-tu artiste, poète, penseur, pompeux, passionné, impatient, habile — ou bien incompris, pervers, fanatique, égoïste, sot, brutal ou menteur?

Au reste, quelle que soit ton astralité, ce livre donne des commandements généraux qui conviennent à la pluralité des natures. Cependant, si tu es lunarien, vénusien ou marsien, tu ne saurais trouver ton équi-

libre en toi-même, tu ne feras bien que ce que tu feras
en second. Au contraire, si tu es Soleil, Jupiter et surtout
Saturne, tu ne dois accepter que le premier rôle en tout.
Si tu es Mercure, tu peux passer de l'actif au passif sans
t'élever en aucun sens.

On appelle fatalité l'influence maléfique d'un astre
déterminant chez un individu une propension impérieuse : par exemple, le saturnien voué à la solitude
devra, pour attirer l'influence de Vénus la sociable,
s'efféminer dans les formes et les allures. Un vénusien
qui voudrait réagir contre la mollesse où il est enclin
devrait au contraire se vêtir gravement et s'entourer
d'objets de caractère sombre.

Je t'en ai dit assez pour que tu puisses, me lisant,
saisir le degré où tel point de mon enseignement se peut
appliquer à toi. Quant aux sept péchés collectifs, aux
sept habitudes (1) néfastes de la vie moderne, tu dois y
renoncer absolument ; un seul conservé suffit à stéri-
liser tous tes efforts vers la lumière, car un seul suffit
à te solidariser avec tes contemporains, et dès lors tu
souffrirais sans grandir entre la routine sociale et l'individualisme qui se disputeraient ta volonté.

(1) Voir plus loin, p. 57.

CONCORDANCE CATHOLIQUE

ARCANE DE SAMAS OU DE LA NAISSANCE

Le baptême nous fait enfants de Dieu, mais la Société nous voue au mal par ses lois et son éducation.

La Foi nous éclaire, mais elle est en conflit perpétuel avec la Société.

L'initié pour rendre pleine et agissante la grâce du Baptême, doit renoncer de nouveau à la Société, à ses bornes, à ses crimes, afin que la *Crainte de Dieu* lui fasse préférer la grandeur intime aux déshonorantes faveurs de la patrie.

Il sera vraiment pauvre d'esprit, quand il aura renoncé à tout ce que donne le siècle, et pour arriver à cette pauvreté d'esprit qui n'est autre que le mépris de son pays, il pratiquera sur lui-même l'œuvre de miséricorde : il s'instruira, l'ignorant, de ce qu'il ignore le plus, la triplicité d'éléments de son unité essentielle.

II

LA SOCIÉTÉ

De la décomposition générale des idées et des concepts, il résulte pour l'individu sans haut vouloir et qui ne sait pas réagir contre le courant de l'époque un phénomène redoutable d'envoûtement. (*Le Vice suprême*, premier roman de *la Décadence latine*, p. 48.)

L'Occident, l'Occident nie Dieu, et nier Dieu c'est appeler la mort et proclamer le néant. Il y a un équilibre moral et métaphysique nécessaire à l'existence des sociétés. Le jour où le verbe humain ne contient plus une somme de vérités au moins égale à celle des erreurs, où les égoïsmes l'emportent sur les charités. et qu'il y a plus de gens au lupanar qu'à l'Église, ce jour-là la loi d'équilibre métaphysique qu'on appelle poétiquement Providence, fait justice d'un peuple. (*Ibid.*, p. 331.)

Caliban règne dans toute l'île (la France) ; ses fils

ont eu des fils atroces et sans Dieu ; qu'ils se vautrent. Vous, mon Ariel, cachez vos ailes frissonnantes, elles sont séditieuses chez les pourceaux, comme je cache ma science, Prospero dédaigneux de disputer un peu de terre à des taupes et de ramasser une pourpre où tant de limaces ont bavé. (*Curieuse*, deuxième roman de l'éthopée *la Décadence latine*, Dentu.)

LA SOCIÉTÉ

Nom divin : יה אל (El-lah).
Sacrement : Confirmation.
Vertu : Espérance.
Don : Piété.
Béatitude : Douceur.
Œuvre : Conseiller.
Ange : Gabriel.
Arcane : Le Binaire.
Planète : Sin.

Avant que tu penses et que tu choisisses, la société s'empare de ton entité et la façonne, selon son droit. Dès que tu penses et choisis, efface les plis reçus, c'est-à-dire libère-toi des habitudes contemporaines, selon ton devoir.

Pour choisir, sache que tu as trois destins : tu peux être un animal comme ce décadent que les superficiels nomment sauvage; un animique comme tout le monde, un spirituel comme saint Thomas, ou Dante. Animal, sois beau; animique, sois bon; spirituel, cherche le Graal.

Pour embellir, animise tes instincts; pour t'adoucir, spiritualise tes sentiments; pour tendre à l'absolu, développe en toi l'abstraction.

La suprême laideur, c'est la démocratie; la suprême méchanceté, c'est le militarisme; la suprême ânerie, c'est le progrès.

L'homme libre est celui qui ne dépend plus que de la maladie, de la misère et des gendarmes. Car, M. F., je ne peux te donner ni l'élixir de longue vie, ni la pierre philosophale, encore moins l'assurance que demain tu ne seras pas emprisonné et guillotiné injustement; je ne peux que t'émanciper de l'instinct et de la société; je ne peux que t'isoler moralement des brutes dites tes semblables, te faire concevoir et la continence, ce qui t'évitera les deux tiers des bêtises qu'un honnête homme commet, et l'indifférence sociale qui t'économisera beaucoup de temps et de péché.

Regarde l'acte copulatif comme une chose très inférieure et la chose départementale et nationale au même niveau.

Restreins la vie fonctionnelle, annule la vie civique.

Ne fornique ni ne vote; considère que les fem-

mes aiment surtout les sots et que les libraires portent la Légion d'honneur ainsi que les gens qui firent
le siège héroïque de Frigolet.

Dédaigne d'être quelque chose dans un pays fantôme qui se survit, mais qui ne vit plus et conçois
surtout que seul tu peux t'ennoblir, te décorer et te
hausser et qu'il n'y a jamais eu au monde qu'une dignité : être soi, d'une séité d'au-delà ; et qu'une vraie
gloire : apprendre à autrui à devenir une entité.

Donc tu vas cesser les sept habitudes de cette décadence en vertu des lois hyperphysiques.

Veux-tu juger de la société contemporaine et de cette
France dont tu entends la langue divine, prends le
décalogue et interroge le Français collectif :

I. *Je suis le Seigneur votre Dieu : vous n'en aurez pas
d'autre.* — Le conseil municipal de la Ville lumière a
voulu ôter le nom divin des fables de La Fontaine ; le
comité de l'instruction publique distribue aux écoles du
pays un catéchisme qui nie Dieu. Chaque matin cinq
cents blasphémateurs dont la voix se multiplie par
l'énorme diffusion de leur papier insultent et Iaveh et
Jésus son fils. Enfin l'ère est arrivée de l'athéisme d'État.

Est-ce à dire que les Français ont un autre Dieu, non,
ils sont tombés au-dessous du sauvage qui, lui, au
moins, a son fétiche.

O l'ironie de citer ce second commandement :

II. *Vous ne prendrez pas le nom de Dieu en vain.* — Le nom de Dieu, ils l'ont oublié ; l'ivrogne seul le prononce en roulant au ruisseau ; mais le crocodile qui se vautre sur le trône de saint Louis, Carnot, chef des sauvages latins, ne le prononce pas, lui, dernier avatar de ce caïman que les prêtres de l'Égypte dégénéré montrèrent à saint Clément comme la dignité même de Misraïm.

III. *Souvenez-vous de sanctifier les fêtes.* — Ils n'en ont qu'une, ils l'appellent la nationale ; par elle ils commémorent qu'une plèbe ivre enleva une tour défendue par quelques invalides.

IV. *Honorez votre père et votre mère.* —Les pères et les mères d'une société sont les génies de lumière qui l'ont formée ; la France, comme tout l'Occident, fut élevée sur les genoux de l'Église, et la France, cette parricide, à l'instigation d'un drôle dont Louis XIV n'eût pas fait un valet de chambre, la France dénaturée s'est acharnée sur les cloîtres. Oh ! les barbares de 1880 ne ressemblent pas aux Huns. Ce ne sont pas des nomades obtus et avides ; ils couvrent leur pays d'autant d'écoles que de lupanars et de casernes, parlent de liberté à tout coup et ont un jardin d'acclimatation où ils exposent à la curiosité publique des Fuégiens qui eux, ce semble, croient au manitou.

On a vu un corps d'armée investir quarante moines, on a vu fermer les églises, on a vu enfin le prêtre requis d'être assassin. Il est net et ne souffre pas d'interprétation ce cinquième ordre de la Divinité :

V. *Tu ne tueras point.* — Serait-ce que l'homme collectif n'a pas le même devoir que l'individu ? Toute la richesse publique se consacre à entretenir les assassins nationaux, toute l'activité scientifique tend à trouver des moyens de destruction. L'étranger force à cette défense ? c'est-à-dire l'étranger est barbare et assassin comme la France, et je ne vois pas moralement le progrès accompli sur les Goths, je ne vois que des variations dans les modes d'homicide...

En quoi le bandit corse qui ouvre de ses mains ensanglantées ce xix° siècle diffère-t-il de l'autre bandit qui ouvre de sa marche de brute triomphale le xiii° siècle ? Entre Temugin dit Gengis-Khan et le Bonaparte dit Napoléon, quel degré d'infamie diffère ?

A Alise-Sainte-Reine on enseigne au Français de s'incliner devant les quatre mille mains coupées par Jules César ; à Quiberon, on donne en bons points aux petits-fils des martyrs le portrait du nommé Hoche.

La France même a réussi à salir la propagation de la

Foi ; derrière le missionnaire, il y a l'assassin national.

De quel droit, sinon de celui du plus fort, l'assassin français foule-t-il la race arabe ? On leur apporte un crucifix soutenu d'une armée ; on dit civiliser, comme si l'armée n'était pas la barbarie régularisée, et rien de plus.

Un faquin, le même qui a chassé les moines de leur monastère, le plus grand scélérat de cette période, a pensé un soir qu'il convenait de massacrer des hommes jaunes, les Germains étant trop dangereux quoique plus proches : lors les assassins nationaux ont traversé les mers, ils ont éventré les femmes, renversé les idoles, volé, pillé, tué comme des Goths : et voilà ce qu'on appelle la gloire d'un peuple.

Or, les Chinois sont policés, selon le sentiment de Pythagore ils considèrent le guerrier de profession comme un être inférieur : ils ont refusé de traiter avec les généraux tandis que les Français, eux, choisissent des militaires pour diplomates : cela montre combien la France est inférieure au Céleste Empire.

VI. *Vous ne commettrez point l'adultère.* — L'adultère peuh ! c'était bon pour le moyen âge, on a inventé le divorce. On se déplaît entre époux, on se quitte : Ah ! la famille. La famille c'est une chose chinoise pour les Français ! Mais les enfants qui grandissent tandis que leur père vit avec une autre mère, leur mère avec un autre père ? Ces enfants on n'y pense que lorsqu'on les fait, suivant un mot de ce délicieux esprit français. La loi est adultère, non plus les citoyens.

VII. *Vous ne volerez point.* — Le vol étant le mobile presque unique de l'assassinat, toute guerre aboutit au vol. La dernière femme qui s'assit sur le trône de France accepta devant son peuple, un collier volé par le Montauban, l'incendiaire du Palais d'été de la Chine. L'assassin français préfère détruire que voler : au reste l'État se charge de rançonner comme sur une route de sierra. N'est-ce pas admirable qu'un peuple subisse les monopoles, c'est-à-dire la plus ignoble marchandise, au plus haut prix !

VIII. *Vous ne direz point de faux témoignage.* — Or le mensonge est toute la parole des deux Chambres, toute la copie de la presse. Les monuments portent le mot liberté, dans un pays où l'*habeas corpus* n'existe d'aucune sorte.

IX et X. *Vous ne désirerez pas la femme ou le bien d'autrui.* — Or l'envie est le sentiment initial de toute démocratie et il n'y a pas de calomnie à prétendre que la bourgeoisie n'arrive au pouvoir qu'en fomentant la vanité et la soif immodérée du bien-être. La France de ces vingt premières années est un peuple de commis-voyageurs et d'ouvriers ivres.

Compare, mon disciple, le pire des hommes au Français collectif, mets en présence le scélérat le plus noir et la société, tu verras que tel adultère, du moins, a des sentiments filiaux, que le voleur prend fort peu tandis que la France vole tout un peuple, que l'assassin tue au plus une famille tandis qu'un Bonaparte extermine quinze millions d'êtres.

Si tu passes dans la rue, au moment où il se fait un mauvais coup, tu te détourneras de peur d'être pris en place des coupables ou avec eux.

Eh bien, toi qui passes dans un pays, au moment où se commet le plus insigne mauvais coup de l'histoire, détourne-toi, de peur que la norme violée, qui tout à l'heure va sévir, ne te frappe.

Secoue tes sandales, lave tes mains et renie cette société qui oublie Dieu, quand elle ne le blasphème pas.

Fuis les sales agapes de la canaille bourgeoise, n'échange pas le sel avec ces réprouvés. Mets-toi à l'écart de ce peuple de voleurs et d'assassins, où le mensonge frappe tout à son effigie, où les êtres sont semblables à chiens en curée.

Renie ici-bas ce que Dieu a renié dans son ciel; à ce seul prix tu seras un Mage, à ce seul prix tu seras sauvé.

Isole-toi, médite, écoute le silence, et si l'abstrait
te parle : alors tu reviendras du fond de ta retraite
morale, apôtre ou génie, essayer de sauver, de disputer
au néant qui la presse cette latinité qui fut sublime et
cette France qui elle du moins vivra toujours par l'in-
comparabilité de sa langue.

POST-SCRIPTUM SUR LA BARBARIE FRANÇAISE

Le vendredi 11 septembre le *Figaro* donne trois faits divers qui suffisent à faire juger ce doux pays.

D'abord, le maire de la Mure, station du chemin de fer de Grenoble, 3,600 habitants, interdit aux femmes de porter des robes blanches et des rubans, de peur qu'elles aillent à la procession dans un pays voisin ; le tribunal a remis son jugement à huitaine. Voilà quelle liberté règne en France.

Un moine pèlerin chiïte, très lettré et obéissant à l'esprit de son ordre, qui est la recherche de la vérité par le voyage, a pendant des années pérégriné à travers la Perse, le Caucase, l'Arménie, la Mésopotamie et l'Asie mineure, à pied, sans être inquiété. Arrivé à Paris on l'emprisonne, on l'oublie trois jours parmi les voleurs, et sans un Persan élève des Hautes Etudes, Goulam, Riza Seystani, plein de science et de vertu, serait encore en prison. Voilà quelle est l'hospitalité en France.

Et l'art à Paris ! Lamoureux a été menacé de mort par les musiciens du grand Opéra, pour les avoir forcés à respecter la partition : il est forcé de mettre son revolver sur son pupitre : l'Amérique aurait honte vraiment. On n'ose pas afficher *Lohengrin* ; on affichera *Robert le Diable* et on jouera *Lohengrin*, car les patriotes ne veulent pas, non plus que le syndic des éditeurs de musique, qu'on joue les chefs-d'œuvre, et la canaille patriotique veut continuer le beuglant à la Massenet comme musique nationale.

Est-il besoin de le préciser, ce que je dis de la société doit s'entendre au sens contemporain. Si la charogne égalitaire n'était pas déjà en décomposition ; si, au lieu de vivre sous la démence d'en bas, nous étions au siècle de saint Louis ou de Louis XIV, tout autre serait mon langage. Partout où préside le principe théocratique il y a encore du salut, mais depuis un siècle Dieu et la tradition sont blasphémés ; la France va mourir dans l'impénitence finale : il est même inutile de prier pour elle. Réserve ton zèle pour l'Église et garde-toi du collectif.

Mets-toi bien cela en la cervelle que les sept mille ans de l'histoire documentée ne contiennent pas une période si basse ni un lieu si fou ou l'égalité ait été proclamée ; que ce mot viole la science, la raison et la foi et que tu n'as plus en face de tes 36 millions d'égaux que le devoir du tigre, c'est-à-dire de te montrer assez dangereux pour qu'on te laisse en paix dans le désert figuré où tu veux grandir, progresser et devenir Mage.

CONCORDANCE CATHOLIQUE

ARCANE DE SIN OU DE LA CROISSANCE

Le Sacrement de Confirmation est comme le contre-seing du Baptême ; on ne peut le recevoir qu'une fois, il oblige infiniment parce que nous le recevons avec une certaine conscience, il nous engage à militer pour la Foi.

L'espérance en la vie éternelle nous vaut la force de repousser les avantages plus immédiats que nous offre la société.

L'initié obtient par aspiration fervente vers le meilleur, de devenir pieux ; et la piété engendre la douceur, mais aussi l'impatience du règne divin.

Il ne suffit pas d'être doux soi-même, et après s'être conseillé en cette béatitude il faut conseiller autour de soi et avec beaucoup de force.

En face de la société, l'initié doit être un templier devant l'infidèle, ne jamais fléchir devant le Mahom français, sous-off ou juge : afin que sa personnalité confirmée par la lutte se dégage du collectif toujours ignoble pour ne se rallier qu'à l'Église, la seule patrie du chrétien et du Mage.

III

RÈGLES DE SOCIABILITÉ

Les métaux sont précieux en raison de leur densité et l'âme s'élève d'autant plus qu'elle offre moins de porosité au courant mondain.

L'initié ne saurait plus avoir avec l'État que des rapports défensifs. (*L'Initiation sentimentale*, troisième roman de l'éthopée *la Décadence latine*, Dentu.)

Mais il est des Orphée, refuseurs des joies basses, qui, fuyant les Ménades, savent vivre d'un nom et mourir pour un songe : Eurydiké.

Salut aux obstinés qui ne boiront l'ivresse qu'en des coupes frappées aux armes de leur rang. (*Istar*, cinquième roman de l'éthopée *la Décadence latine*, p. 266.)

III

RÈGLES DE SOCIABILITÉ

Nom divin : יש׳ et שר׳ — Ieschou — Schaddaï.
Sacrement : l'Eucharistie.
Vertu : La Charité.
Don : Science.
Béatitude : Pleurer.
Œuvre : Consoler.
Ange : Samaël.
Arcane : Le ternaire.
Planète : Istar.

Il y a sept abominations coutumières auxquelles tu vas d'abord renoncer avec détestation : le café, le cercle, le journal, le jeu, le sport, le lupanar et le café-concert.

— Ce sont les sept têtes d'imbécillité de l'Occident et du pays de France ; la pestilence d'une seule te fermerait à jamais le Temple de Magie. Car, ce sont les laideurs sans nom, que l'Orient n'a pas connues, et qui sont filles de ce dragon de l'erreur que les prostitués de la plume appellent progrès.

Le bock, le propos inepte, la sale presse, le vol, la niaiserie, le cynisme et la profanation de la musique offensent le Saint-Esprit lui-même, recteur du domaine magique.

Écris ta démission à ton cercle ; ton désabonnement à ton journal, essaye de ne pas fumer, ne bois que de l'eau ou du vin, et écoute-moi.

Nous allons réformer ta vie extérieure parce que c'est le plus facile et que je ne voudrais pas te rebuter.

LOI. Toute réunion d'hommes expire une fluidité de même nom que leur état d'âmes ; cet expir crée une atmosphère morale adéquate, qui agit sur l'âme, dans une proportion plus intense que l'atmosphère gazeuse sur le corps.

Réfléchis à l'état d'âme de l'être qui va au café ; multiplie cet état par celui des gens qu'il y rencontre et dis-moi : Si cet expir fait de désœuvrement, de paresse, de parade et de vulgarité, ne s'interdit pas à celui qui veut se perfectionner.

LOI. Ce qu'on appelle jeu, c'est-à-dire un moyen mécanique de suspendre la pensée, constitue un acte d'imbécillité volontaire.

Le jeu de cartes, ou de billard, est le propre du plus

bas étage humain et correspond au provincial, à l'officier, au célibataire et au commis-voyageur. Lis, rêve, dors ; mais jamais ne laisse ton esprit s'enliser à tirer des numéros d'un sac ou à heurter des billes entre elles. Si tu n'as pas le respect du temps, si tu parles de le tuer, passe, tu ne seras jamais qu'un sénateur ou un notaire.

LOI. Le jeu comme moyen d'avoir de l'or est la formule du vol adopté par les lâches ou les imbéciles.

Le fait de prendre l'argent d'autrui constitue le vol devant la morale ; dévaliser le viveur sortant de son cercle, après avoir gagné, c'est-à-dire réussi à voler, est crime, mais moins lâche que le procédé de ce gentleman, qui se sert de la convention sociale du jeu pour voler.

LOI. Quiconque sollicite cet accord des causes secondes nommé chance, sans effort logique, ne commandera jamais au destin, ni aux hommes.

Ce que je dis du café, entends-le du cercle au superlatif.

LOI. Dès que des hommes s'assemblent sans but idéal, les conciles ; ou sans mobile de nécessité et d'action, les corporations : l'atmosphère chargée d'électricité du même nom totalise même des intelligents en un volume énorme de niaiserie ; et cela, parce qu'au seul mode spirituel les hommes sont prolifiques aux hommes ; à l'animique ils s'opposent leurs éléments similaires ou bien exaltent leur bas côté.

Cela s'entend des assemblées de plaisir, comme de celles aussi basses maintenant, dites nationales. D'où ce corollaire.

LOI. Quand les gens assemblés ne se connaissent pas entre eux, ils sont hypocrites (au théâtre); quand ils se connaissent et ne se redoutent pas, ils sont cyniques (au cercle).

Au cercle, tu retrouveras tous les dangers du café ; en plus, une sorte d'intimité avec des vicieux. Leur façon cynique et brutale d'envisager l'amour, leur vantardise, le bataillon de garces qui est la coulisse extérieure de tout cercle, te saliront.

Un cercle se compose d'ivrognes, de paillards, d'in-capables, pensant à peu près de même, c'est-à-dire que boire, forniquer et passer sur les concurrents constitue la vie humaine. Si personnel que tu sois, tu seras baigné, toi unique, par ces flots de vulgarité, baigné et effrité.

De plus, tu liras les journaux ; ce qui est le propre du crétinisme. Il n'y a pas de probité possible chez le journaliste; il ment toujours sur tout.

Si tu as l'âme généreuse, tu ne pourras ouvrir un de ces ignominieux papiers sans t'indigner et comme le journal n'enregistre que l'éphémère, attends pour y jeter un coup d'œil dédaigneux d'être engagé dans une voie de réalisation où alors il te sert de connaître quel vent de la bêtise humaine souffle sur Paris.

LOI. L'homme en effort de perfectibilité ne doit pas s'intéresser de l'éphéméride, sinon il diminue sa faculté synthétique.

Quant au sport, comme toute mondanité il comprend de l'adultère, de la vanité et de l'abrutissement. Cependant il a pour lui un vieux prestige. La fauconnerie a des côtés décoratifs évidents, si elle est faite en costumes archaïques ; la chasse à courre, vue à travers les tableaux de Rubens et de Snyders, cela peut séduire des nobles, non pas des initiés.

LOI. Quiconque tue un animal inoffensif sans l'excuse de la misère, charge son atmosphère d'un reflet de meurtre. La femme assez cruelle pour se laisser offrir le pied pleurera : les larmes du cerf ne tombent jamais impunément.

Remarque-le, les vrais chasseurs sont tous des brutaux ; jamais Homère, Dante ou Shakespeare ne se mêle dans un carnier aux cartouches. Méfie-toi de tout grand chasseur. Nimrod, la grande brute qui se dresse à l'aube de l'histoire, Nimrod et ses fils ne furent jamais adoucis malgré les saints efforts de mes ancêtres les Kaldéens : le père des Sennakérib et des Sargon, ces massacreurs à la Bonaparte, s'appelle sous le calame de Moïse un grand chasseur.

LOI. Quiconque assiste aux combats de taureaux, de coqs, de cailles, est un être maudit. Ce sont là des barbaries.

Quant à la chose chevaline, c'est une grande sottise; si tu es capable, lecteur, de t'intéresser à un derby, ne salis pas plus longtemps mon livre par tes yeux de niais.

La culture physique a sa raison dans l'importance énorme d'avoir un corps souple à la volonté et capable de subir les nécessaires excès de la cérébralité. Toutefois la force physique ne sert plus. Elle donna jadis la royauté chez les Germains et les Scandinaves ; elle ne procure plus que les faveurs des femmes très bêtes, ce qui est peu. Je ne crois pas que l'homme contemporain puisse équilibrer le nerveux et le musculaire, et à opter il n'y a pas d'hésitation. Il est à remarquer que les musculaires, sportmen ou officiers, ne *pensent pas*, particulièrement les cavaliers.

Le lupanar est, paraît-il, surtout destiné à l'armée : il augmente dans les villes, en proportion avec la garnisons. Insisterai-je après cela ?

LOI. L'acte sexuel a toujours lieu doublement, à l'hyperphysique comme au physique ; la prostituée reçoit en ses contacts les plus basses émanations animiques, et nul ne la possède sans être animiquement terni. L'acte sexuel décalque un peu de l'indignité du sujet et aussi de l'indignité totalisée des précédents.

Si le contact érotique vulgaire contagionne l'âme, le spectacle grossier du Palais-Royal et l'immondicité du café-concert corrompent la sensibilité.

Celui qui supporte aisément le patriotisme et la saleté que gueulent des garces sans voix, à l'Horloge ou autre beuglant ; celui qui dîne en paix sur la terrasse des Ambassadeurs, celui-là ne sera jamais mage.

LOI. Se plaire aux mauvaises lettres, aux arts inférieurs, c'est perdre la compréhension des chefs-d'œuvre et devenir réfractaire à leur action purificatrice.

Ce Parisien qu'on voit également à Bayreuth et à l'Alcazar ne sentira jamais l'art de Bayreuth ; le liseur des choses de Médan jamais n'entendra le Dante : dans le cabinet où il y a des kakémonos, on ne voit pas de Léonard. Les Muses sont d'impérieuses maîtresses, et si on les trompe, elles abandonnent le rustaud à la musique d'Auber, aux beuglantes du beuglant : Es tu de ces êtres qui ont la *Marseillaise* pour thème du Graal et une obscénité pour loi du printemps, laisse ce livre. Le mage ferme l'oreille aux chants du vulgaire, afin que les Beethowen, les Bach et les Wagner le préparent à la divine musique des sphères.

LOI. Deux hommes qui se regardent s'actionnent l'un l'autre ; deux hommes qui se fréquentent déteignent moralement l'un sur l'autre.

L'antiquité attribuait une extrême importance au choix des amis : de nos jours le hasard des rencontres y préside seul. Choisis pour ton ami l'ami de la vertu, dit Pythagore, terme beau, vague, de nul secours en pratique.

Choisis pour ami celui qui fait les mêmes études, qui marche vers le même destin : car ce qui noue et dénoue amour et amitié ce sont les bifurcations d'existence.

En thèse, ne fréquente personne de ton âge : et surtout pas les jeunes littérateurs, esprits faussés par l'effort cérébral, âmes inquiètes, aigries par le désir du succès. Tu ne trouveras profit qu'avec les gens âgés, eux seuls prendront la peine de te former, parce que tu les longévifieras inconsciemment.

LOI. Dans la fréquentation d'un vieillard et d'un jeune homme, l'organisme affaibli de l'un aspire et s'incorpore un peu de la vitalité de l'autre. En retour l'entendement du vieillard polit et affine l'esprit du jeune homme.

Tu serais dupe, si tu fréquentais un vieillard sans science ou dont la vie n'ait pas été mêlée aux grandes vies et aux belles œuvres. Le vieil officier, par exemple, l'homme qui a obéi aveuglément, fuis-le ; recherche les prêtres et ceux qui furent célèbres, dont les souvenirs sont des pages de la civilisation.

Comme tu n'éviteras pas complètement le contact de ceux de ton âge, prends cette règle, de ne jamais te laisser *blaguer* : là où on te raille, sors; même ne reste jamais dans un groupe où tu serais compté pour peu.

Aie l'abord difficile, ne tends la main qu'après avoir jugé celui qui est devant toi.

Sois plus susceptible pour tes idées que pour ta personne, pour tes admirations que pour ton propre honneur.

Mais dès que tu as tendu la main, sois d'une courtoisie sans défaillance ; observe les bienséances du monde où tu es; exagère même. Si un jour tu fais une œuvre tu ne seras pas dispensé d'être urbain, mais tu le seras à ta guise.

Ne sois pas familier : le commun des hommes respecte peu ce qu'il approche de trop près.

N'accorde aucune déférence à ce qui représente l'Etat, et pratique la vénération de l'artiste.

Mère et sœur, la femme t'apparaîtra d'abord sous d'admirables aspects.

La mère appartient au divin.

Il n'y a aucun rapport entre la femme vue à ton

foyer, la femme liée à toi par le sang, et la maîtresse ou l'épouse, celle à qui tu iras demander le plaisir ou l'amour.

Ne va pas chez les filles ; fuis-les, non parce qu'elles sont des occasions de péché, parce qu'elles sont infectieuses de vulgarité ; j'entends par fille toute femme qui vit de ses amours.

Ne vois que des honnêtes femmes, c'est-à-dire des femmes qu'on salue. Ce n'est pas trop de l'opinion pour t'aider à te défendre de leur emprise.

LOI. La femme ne sépare jamais son intérêt de son sentiment, son destin de ses amours : et l'homme supérieur cédant à son sentiment doit défendre son intérêt ; aimant, sauvegarder son destin. Là où l'homme cherche un plaisir la femme poursuit une affaire. Sa nature la force à user de son unique moyen d'action, la sexualité ; elle veut conserver l'homme.

N'oublie jamais cette opposition fatale des intérêts ; qu'elle te détourne de tout élément plébéien d'abord, de toute jeune fille ensuite.

Tu penses que je te conseille l'adultère, non, certes, puisque je te mets en garde contre tout élément perturbateur de la vie. En t'interdisant la fornication ne penses pas que je te pousse au mariage. Non ! le mariage, qui est bien la meilleure forme de l'amour, doit toutefois se contracter en formule de destin, non pas d'entraînement. Je te voue donc à la continence ? je voudrais le pouvoir ; mais tu ne m'écouterais pas plus que tu n'écoutes ton curé. Ne parlant qu'au nom de la sagesse, je puis te donner des conseils de vertu relative tandis que l'oint ne saurait enseigner que l'absolue vertu :

LOI. La fréquentation des femmes est profitable par cette analogie, que les nervosités comme les électricités de nom opposé se fortifient l'une l'autre. La fréquentation des honnêtes femmes seule est faste, parce que leur bienveillance émet sur nous ce que les débauchées dissipent matériellement. Sois l'ami des honnêtes femmes.

J'entends par honnêteté non pas la vertu même, mais aussi cette bienséance qui raréfie et cache la faute. Tu remarqueras que le charme féminin dépend de l'insatisfaction. Par conséquent, même parmi les mondaines fuis les faciles, celles qui ne se refusent pas leur caprice, à l'ordinaire.

Enfin, ne demande aux femmes que la récréation de tes yeux, le spectacle de la grâce et obtiens si tu peux l'amitié. C'est là seulement que cette adversaire redoutable désarme et devient favorable. Ce commerce même chaste en apparence contient une certaine volupté presque aromale qui peut suffire aux fines natures : il empêche de sentir le vide, il trompe à la fois et la sentimentalité et la sensualité : de plus il affine singulièrement et rend psychologue. Enfin, mon disciple, ce

que la femme peut donner de plus précieux, ce n'est
pas elle-même, mais son mirage.

_ LOI. La femme est le prisme où vient se décomposer le
désir masculin, elle n'est que le plan analytique de l'Eros et
non pas la lumière vivifiante. Considère-la comme le point
matériel, la concrétion de l'idéal, et partant ne l'aime qu'à mi-
corps, si tu peux ; à mi-cœur, il le faut.

Ne joue pas les Don Juans, le personnage est mauvais et la
commanderesse (1) vient toujours. Acquiers la double réputation de ne jamais demander de faveurs, et d'être un cœur collectif.

LOI. L'instinct de la femme étant celui de possessivité, la
moitié du genre humain a été empédimentée par ce seul fait
tellement il est impérieux. La jalousie féminine a ruiné les
deux fortunes politiques les plus étonnantes, celles de Gambetta et de Boulanger. Alors que tu aimerais uniquement, parais
aimer multiplement : cela seul te donnera la paix : que le mot
maîtresse n'ait pas plus de sens pour toi que le mot maître.

(1) Un grand esprit disparu, Armand Hayem, dans son drame de
Don Juan, a eu l'idée géniale de remplacer le commandeur par la
commanderesse.

CONCORDANCE CATHOLIQUE

ARCANE D'ISTAR OU DE LA NUTRITION

L'Eucharistie est un si ineffable mystère que nous sacrifierions volontiers la symétrie, si le sens benefique de notre œuvre n'en dût souffrir. Par ce sacrement, le créateur se donne à l'amour de la créature : afin que naisse en nous la superexcellente charité.

L'initié doit s'isoler du prochain jusqu'au jour où il pourra se livrer en holocauste : car le don de science aboutit à l'œuvre de consolation, et le poète comme l'artiste sont les grands consolateurs par les beaux mirages d'idéal où nos yeux prennent le goût du ciel. Pour consoler ceux qui souffrent, il faut savoir pleurer, non pas les vaines larmes du corps, mais ces larmes de la pensée qu'arrachait à Jésus l'iniquité des hommes.

Amour, amitié, sont des soulagements pour notre cœur défaillant ; mais c'est en Dieu qu'il faut chercher son rêve et son complément et, l'ayant vu par illumination, le redire aux hommes en une parole d'art, de science ou de bonté.

IV

DE L'ORIENTATION

Entre la science et l'amour, comme Alcide autrefois, Athéné, Aphrodite m'entourent parcoureur des trente-deux voies saintes. (*La Victoire du Mari*, sixième roman de l'éthopée *la Décadence latine*, p. 231.)

Oh ! oui ! je vous envie, mes héros catholiques; votre part est la belle, aristocrates saints: avoir ses pas marqués des crachats de la foule, et puis à son dernier, tomber dans la lumière et, monté dans le ciel et devenu un astre, se venger en soleil. (*A Cœur Perdu*, quatrième roman de l'éthopée *la Décadence latine*.)

IV

DE L'ORIENTATION

Nom divin : יהוה (Jehovah).
Sacrement : La pénitence.
Vertu : Prudence.
Don : Force.
Béatitude : Soif de justiee.
Œuvre : Corriger.
Ange : Anaël.
Arcane : Le quaternaire ou tétragramme.
Planète : Nergal.

Averti du péril que tu cours comme membre du collectif social, mis en garde contre les dangers de la sociabilité, oriente ton entité ; je suppose que tu as trouvé ton astralité et choisi l'une des sept méthodes. Quel que soit le résultat de ton *nosce te ipsum*, le moment est venu de formuler une théorie de la volonté.

L'aimant, dont la force augmente par la graduation du poids qu'il attire, donne l'image du vouloir.

L'Église te dit : pleure ton péché, parce que l'Eglise pense au grand nombre et dès lors donne le commandement au passif. La magie te dit : efface-le par la vertu correspondante.

Voici un catéchumène qui vient de forniquer bassement ; comme hygiénique religieuse, il s'appesantira sur son péché afin de le mieux détester ; en ascèse magique il se lavera de son moment d'instinct par plusieurs heures de métaphysique ; là où le dévot se repent, l'initié se réforme.

L'incomparable *Imitation de Jésus-Christ* concerne en sa lettre, la vie monastique ; partout l'obéissance y est préconisée. Vois où conduit ce commandement dans la vie actuelle : à l'abrutissement et au mal. Ton supérieur s'appelle cuistre, curé, caporal, tour à tour ; l'un te fausse le cœur en te vantant les sauvages de Rome, César et Bonaparte, l'autre te fera entendre les mandements d'un Lavigerie ou la *Marseillaise* dans son église même ; quant au caporal il fera de toi un assassin et un sacrilège.

Mon frère, désobéis à ton temps et à ton pays pour obéir à l'Éternel et à la lumière d'où tu es sorti.

Entends-le, toutes les voies de l'heure sont des voies de perdition ; déchire le pacte social sinon jamais tu n'auras le complet épanouissement de ton éternité. Je ne peux te promettre le devenir de Pythagore et de Platon que si tu cesses d'être un Français de 1891, un Occidental.

Je t'ai commandé de repousser les droits ri dicules et les faux devoirs du citoyen, je t'ai dissuadé de tes maîtres universitaires, je te relève de la hiérarchie de Bottoms qui pèse sur l'individu : Je suppose que te voilà isolé de toute influence de milieu, isole-toi encore des idées ambiantes.

LOI. Les groupes humains momentanés (café, cercle, théâtre), dégagent un animique affectif; les agglomérats humains permanents dégagent un abstrait oppressif. C'est le phénomène de l'envoûtement par inconscient cérébral.

Au café concert, par exemple, on pervertit sa sensibilité en accoutumant ses yeux à la vulgarité, ses oreilles à *la saleté* ; tandis que l'uniforme militaire corrode les notions et entraîne l'incapacité cérébrale.

Il est très certain que si l'armée contemporaine a pu réduire quarante Prémontrés par la famine, elle est capable de toutes les infamies imaginables.

Il est non moins certain que si l'armée n'a pas été déshonorée par le siège de Frigolet, on la juge aussi inconsciente qu'un caillou lancé et aussi peu responsable.

L'institution en permanence de toutes les infamies et toujours inconsciente et irresponsable paraîtra à tout penseur la plus horrible chose de cet univers, comme la plus puissante, au sens fatal du mot. Donc, tout être intelligent en France risque sa vie ou son intelligence à vingt et un ans.

Un Alsacien-Lorrain avouait à un journaliste que dans la vie civile, il conspirait contre l'Allemagne tandis que, dès l'uniforme endossé des périodes d'exercice, il devenait la chose militaire et lors, inconscient, foulerait ses chers compatriotes. Cet imbécile est un beau cas de la modification de l'individu par le collectif : son cœur bat pour la France et son fusil manœuvre pour l'Allemagne. Prends donc garde de laisser couper ta raison par les courants d'opinion.

Crains *l'exemple d'autrui, pense d'après toi-même.* Ce précepte de Pythagore contient toute la Magie qui n'est autre que la puissance de l'ipséité. Cependant tu ne peux, au point où je te prends, t'éclairer de tes propres lumières et même si tu suis mes leçons, elles ne remplissent pas exactement tous les cas d'une existence individualiste.

Sois catholique, c'est-à-dire prie le matin et le soir, entends la messe, et que ton signe soit le signe de la croix.

La prière improvisée, parlée ou murmurée, est un grand élément de magie. Par elle, exorcise ton époque dont l'influence est bien autre que celle du prétendu malin.

Après l'oraison qui te hausse vers le divin, l'admiration est la seconde force ; ne lis que les chefs-d'œuvre, les livres sacrés de tous les peuples, mais comme l'épopée se mêle au hiératique et que la liturgie courante blasphème Iéhovah Sébaoth en Dieu des armées, retiens ceci.

LOI. Un acte n'est pas beau parce qu'il est fort, mais il est fort seulement quand il est beau. Admirer la force pour elle-même c'est délibérément retourner à l'état de brute ; un héros n'est pas celui qui tue ses adversaires, mais cet autre qui tué ou tueur avait sur son épée le rayon divin de la justice.

Quiconque admirera la laideur victorieuse et l'injustice triomphante n'entrera jamais dans la gloire éternelle.

Pour faire toucher du doigt la nécessité de cette considération, je professe que la colonne Vendôme dresse la honte d'un peuple assez servile et sauvage pour se faire l'instrument de l'effroyable monstre que l'enfer vomit sur la France pour la châtier de l'orgie anarchique.

L'Angleterre aux Indes et la France au Tonkin et en Algérie s'appellent de leur vrai nom de la piraterie régularisée, et toute ma pensée éclatera, si j'ajoute que c'est une tache pour la propagation de la foi de servir d'entremetteuse au banditisme français.

Un simple liseur de journal me répondra que ces brigandages eussent été faits par autrui si la France y avait renoncé.

Je ne doute pas qu'un mauvais coup manque jamais d'armée nationale ; mais je ne doute pas non plus que la justice ne soit la plus sûre habileté pour les états comme pour les individus, et que la bénédiction de Dieu sur un peuple vaille mieux pour sa prospérité que toutes les compagnies des Indes.

Je réunis ici un certain nombre de lois qui t'aideront à réagir contre les courants d'idées fausses, elles découlent de cet axiome :

LOI. Il n'y a qu'une cause qui est Dieu, qu'une fin qui est l'Éternité, qu'une réalité qui est la Beauté.

Il faut donc qu'une chose s'appuie à un plan divin, aboutisse à l'immuable et se manifeste bellement.

Le plan divin se divise en perfection et en expansion ; l'immuable en gradations d'ascendances ; la beauté en subtilité et charité.

L'être conscient se perfectionne pour rayonner, et par cette imitation du Soleil et ce mérite, parvenir à la plus haute ascendance dont les gages terrestres sont la conceptualité et la bonté.

Maintenant, mon disciple, à ce critère soumets diverses questions. Que signifie *au nom du peuple français ?* Qu'est-ce qu'un peuple qui parle en son seul nom ? Un homme collectif n'est qu'un total d'unités égalisées, par conséquent, au-dessous de l'individu.

Or tu n'obéirais pas à l'individu, obéiras-tu à ce qui est pis, à la nation? Donc, tout commandement par cette formule est vain.

Mais cet homme collectif qu'on nomme France a des prisons, des gendarmes : tu peux ruser et non lutter. Ruse donc avec la loi, comme particulier tu le peux.

Tu ne le pourrais plus comme chef de rébellion, ni comme penseur ; si tu écris, dis vrai : la vérité vaut mieux encore que ta sécurité.

Si tu entres dans la vie avec cinq cents francs par mois, sous condition de ne pas te marier, tu dois considérer toute œuvre sociale comme servile et indigne de toi.

Il ne t'est pas permis de t'abaisser jusqu'à faire fortune, à moins que ce ne soit dans un beau but comme Schliegman, qui voulut être riche pour retrouver les vestiges du monde homérique.

Cette défense de faire fortune t'étonnera surtout en songeant que si mes idées s'incarnaient dans le cœur et la veine d'un riche, ce serait une victoire pour l'idéal; apprends, M. F., que telle est la propriété de l'or, de détruire toute noblesse d'âme. Regarde autour de toi; pas un riche intelligent, je n'en ai connu qu'un, extraordinaire esprit, Armand Hayem, qui rêvait de reconstruire le temple de Jérusalem. Quant aux Rothschild, à cette clique de parvenus ? Que font-ils de leur or ? Ils donnent quelques billets de cent francs aux littérateurs, pour n'être pas engueulés, et quelques cent mille francs aux princes d'Orléans pour être reçus ; payer les dettes des nobles chez qui ils vont dîner, voilà la lumière que font ces drôles, ils n'ont pas même l'éclat et l'insolence de leur or.

Si la fortune te vient toute gratuite, accepte-la et va au devant d'elle ; mais ne la fais pas. Un roi dépossédé peut accepter toute couronne, mais non pas en ramasser aucune.

Savoir ! Cultive, avant toute chose, ton intelligence. Oser ! Sois ferme dans l'évidence, et constant dans le Vouloir ! Ce que l'intelligence a conçu, l'âme l'exécute. Se taire ! Le silence est la matrice du verbe et de l'œuvre, tels les quatre verbes de la magie ainsi que la Kaldée les figura, il y a six mille ans, sous la forme du taureau sacré.

Étudie ce symbole ; la tête humaine porte la tiare royale à trois rangs de cornes, privilège des dieux, et signifie : initié, n'obéis plus, tu es roi si tu penses. Roi ne cherche pas à régner, les triples cornes te destinent à la seule conquête de l'éternité. Les ailes t'indiquent que tu dois t'inspirer du monde supérieur, sans cesser de réaliser sur cette terre la lumière par la force de tes sabots de taureau.

Un autre enseignement résulte du rapprochement de

l'aile et du sabot, analogue au précepte de Pythagore
sur l'excellence du juste milieu. Par les sabots le co-
losse reste terrestre ; par les ailes il peut la quitter ; cela
indique que le Mage ne doit ni s'extasier, ni s'obstiner
à faire de lumière quand même autour de lui. Abstrai-
tement l'orientation kaldéenne de ce symbole donne la
pensée, soutenue par l'enthousiasme (les ailes) — au
moyen des flancs vigoureux (travail) — sera immuable-
ment victorieuse et présente. Que sans cesse ton effort
obéisse à l'abstrait sans que l'enthousiasme te ravisse
au réel, sans que le réel ralentisse ton enthousiasme.

Cependant, au début de ton initiation, abandonne
ton âme à l'excès du zèle ; les fautes étant les vraies
institutrices, faute en cette voie où rien n'est infécond.
Faute, mais je te défends quatre délits : toute velléité d'user de la magie pour ta vie animique, toute expérience magnétique ou spirite, toute affiliation à une
société occulte. Les prétendus sorciers sont simplement
des voleurs et des assassins, les magnétiseurs de coupables inconscients et les spirites, des variétés d'aliénisme. Quant à ce légitime désir de t'instruire en hermétisme, auprès de ceux qui le professent, je te
l'interdis pour cette raison que la magie ne s'enseigne
pas, que la mémoire n'y joue aucun rôle, que lire
Fabre d'Olivet lui-même constitue un simple travail
d'érudition et qu'enfin la magie c'est l'homme se

créant une seconde fois; faisant sur lui à l'âge conscient ce que la famille et la société ont tenté quand il était inconscient. Or, ici, il n'y a pas de directeur comme en mysticité, il faut qu'à l'instar de Siegfried tu forges ton épée et toute l'armure magique.

LOI. Il n'y a pas de magie qui réalise les desseins mal conçus ; car réaliser signifie autant conserver qu'obtenir, conquérir que garder.

La magie consiste à ne formuler que des desseins harmoniques, de soi à l'heure des choses. Le succès est une succession d'accords frappés par le vouloir, selon le rythme de la vie.

Il est donc illusoire de penser que l'occulte sert à toute fin, et que le voluptueux fera de la magie une proxénète, le prodigue une ressource d'argent. Si cela était, la magie noire existerait.

La force d'un verbe réside dans sa prudence, car il n'y a pas de force contre la raison. En se modelant l'âme sur la justice éternelle la volonté prend *force de loi* et se réalise. Ne t'inquiète donc pas, mon disciple, de la manière et de la quantité du vouloir, mais de sa pureté. Ta pensée est-elle comparable à un rayon, elle s'épand avec la vitesse même de la lumière ; est-elle semblable à une pierre, elle retombe tout de suite et lourdement.

Viser, ce mot vulgaire résume la force, car ici toute la dynamique dépend du pointage cérébral.

Un naute n'a pour lui que sa boussole, et l'initié dépend de son orientation. Les courants et les brises, c'est-à-dire les circonstances et les collaborations, tour à tour favorables ou hostiles, doivent non pas changer ton cap, immuable, mais ta voilure; et mieux tu te connaîtras, comme je t'y ai poussé tout d'abord, plus sûrement tu tiendras la barre de volonté. Ta vie ou navigation sera heureuse suivant que tu manieras ton être ou ta nef, d'abord suivant son tonnage et son gréement, ou ton tempérament et tes facultés, ensuite selon les courants, les cailloux et les brises.

CONCORDANCE CATHOLIQUE

ARCANE DE NERGAL OU DE SECURITÉ

L'extrême-onction, qui est le sacrement des malades et non pas des agonisants, tend à guérir autant qu'à purifier, malgré la routine catholique, et correspond au pentagramme de l'occulte.

Le mot extrême vient de ce qu'il y a trois onctions qu'on peut recevoir avant celle-là.

Le juste reçoit le don de conseil qui le mène à la béatitude des miséricordes. L'initié pardonne toujours ce qui lui est fait, jamais ce qui est fait à Dieu, soit qu'il considère sa dignité par rapport aux autres hommes, soit qu'il envisage son néant en face de Dieu, l'orgueil ou l'humilité du mage ne lui permettent pas d'avoir d'autre ressentiment que ceux de la justice abstraite.

Son effort perpétuel à produire en lui l'équité, le rend très affermi pour une mort prochaine ou violente. Dieu le jugera comme il aura jugé, et il aura jugé selon Dieu.

V

DE LA PUISSANCE MAGIQUE

Ce qui est la Foudre est comme ce qui est la Chaleur ;
et ce qui est le Son est comme ce qui est la Couleur ;
et la Vie n'est que l'énormon pour faire les miracles
de la Substance.

Et le perceptif et l'affectif ne sont que des modalités,
le microcosme peut régenter le macrocosme par le jeu
conscient des causes secondes. (*Istar,* cinquième roman
de l'éthopée *la Décadence latine,* p. 128.)

V

DE LA PUISSANCE MAGIQUE

Nom divin : יהשוה אלהים et עליון, Helion, Elohim,
Iehoschouha.

Sacrement : l'Extrême-Onction.

Vertu : Justice.

Don : Conseil.

Béatitude : Esprit de miséricorde.

Œuvre : Pardonner.

Ange : Raphael.

Arcane : Le Quinaire.

Planète : Nebo.

Ne combats qu'au nom d'une idée; oublie-toi pour ta
bannière, ne pare que les coups qu'on lui porte et que
le dédain soit toute ta vengeance. Les journaux, les ignobles journaux t'ont parlé d'envoûtement : cela est d'un
bel effet littéraire, cela n'existe pas en magie.

LOI. Si ton adversaire est injuste, redouble de justice : il
s'envoûtera lui-même, parce que la volonté injuste ne prévaut

pas contre la volonté juste ; mais entends bien qu'il ne suffit pas d'avoir raison pour être sauf, il faut que cette raison se double d'un vouloir ; ce vouloir se manifeste par les signes seuls encore aimantés de la foi catholique. « On t'envoûte, crois-tu » ouvre la Genèse et dis « Grand Mosché, que votre verbe me couvre » et il te couvrira.

On n'envoûte pas les métaphysiciens ni les mages, ils vivent dans un domaine où le fluide nerveux, véhicule du maléfice, ne parvient pas.

Sois vraiment absorbé en Platon, ou Paracelse et que pendant ce temps, on triture une tête de cire à ton image, tu n'auras pas même de migraine.

Une raison péremptoire que l'envoûtement n'a jamais eu lieu que selon le mot d'Eléonore Galigaï :

LOI. Les transmissions fluidiques haineuses sont si déprimantes que l'opérateur y consomme la force vitale analogue à la dépense coutumière d'une année, pour produire la céphalalgie : même si l'opération réussit, il ne récupère pas la force émise : s'il y a insuccès, il perd trois fois plus.

Il faut donc se garer de toute colère contre un être qui n'a offensé que toi : n'accorde jamais à ton ennemi d'autre importance que s'il était une chose ; gare-toi, ne fais front à personne, sinon tu élèves l'adversaire à ton niveau et lui livre prise.

En traitant l'hostile de chose, ne l'injurie pas en toi-même, comme le marin insulte la mer mauvaise ; plane pour réfléchir, et réfléchis pour pardonner. Mais, entends bien le pardon : il consiste à te désister devant Dieu, de ta juste plainte : non à céder sur aucun point.

Un Ramollot te brutalise ; pardonne, toi conscient, à l'inconscient, mais reporte ta sévérité sur ce que représente Ramollot, le Nimroudisme.

Que tous tes sentiments les plus passionnels montent, et s'abstraisent.

Ainsi tu présenteras très peu de surface au malheur : car le grand arcane pratique de la Magie, le voici, déceptif pour les superficiels :

LOI. La Magie est l'art d'user à bref délai les convoitises ordinaires à l'homme ; et le Mage se trouve posséder tant qu'il ne désire plus ; en ce sens que la mort d'un désir le réalise au négatif absolu.

J'en suis fâché pour ceux qui prennent au sérieux la plaisante affirmation attribuée aux R. ✝ C. de transmuter : la pierre philosophale consiste à simplifier, à quintessencier de sorte que les contingences ne nous affectent plus.

L'ascèse magique retire beaucoup de la sensibilité inférieure pour la sublimer en spiritualité, et les points vifs de l'homme ordinaire, les points qui touchés, éructent de la concupiscence, de la colère, sont presque des points morts chez le Mage.

LOI. La Magie est une ascèse qui, en usant les convoitises ordinaires à l'homme, lui substitue des aspirations extraordinaires à l'ange même ; et le Mage se trouve désirer des biens d'autant plus précieux qu'il les retrouvera au delà de la mort, en positivité absolue.

Je comparerais volontiers le Mage à un naute qui aurait le cap sur un point invisible au commun, et qui après avoir essuyé des lames et des courants, marcherait avec une vitesse et une sérénité surnaturelles.

LOI. La Magie consiste à voir et à vouloir au delà de l'horizon sériel.

La vision de l'au-delà se développe dans la solitude, la volonté par l'exercice.

La solitude ne consiste pas à s'enfermer et à fumer ; elle ne féconde que si une grande pensée y préside.

L'exercice doit être incessant.

TYPE D'UNE JOURNÉE D'INITIÉ

Il s'est endormi la veille soit en ressassant une pensée, soit en s'absorbant dans une question que la vie astrale du sommeil lui résoudra.

Le premier éveil, qui ne doit jamais être brusque, marquera un retour même vague vers l'idée.

Le second éveil plus complet, doit valoir comme *Gloria in excelsis Deo* : et le signe de la croix sur soi et autour de soi précède le lever qui sera brusque.

Jamais on ne doit ni paresser, ni lire au lit. La stase horizontale, essentiellement passive, ressemble trop à la mort et ne convient pas au matin, aube de l'action.

L'initié fait une toilette minutieuse ; le tub tiède, c'est-à-dire l'eau à la température du corps se recommande, à défaut d'une baignoire où on ne resterait qu'une seule minute.

Après la toilette, la prière faite à genoux composée comme catholique du *Pater*, de l'*Ave* et de l'évangile selon saint Jean ; comme initié du verset sacré du *Pa-*

ter dit à part, et d'une dernière oraison improvisée, toute individuelle et demandant les grâces les plus précises pour l'œuvre de ce jour.

Ensuite, si on n'a pas écrit la veille ce qu'on doit faire, élaborer très vite le plan de sa journée et l'accomplir : mais l'accomplissement suppose la propicité d'autrui et des choses.

Supposons autrui faisant défaut, ne prends pas d'humeur et passe aux autres points de ton plan.

Théoriquement le matin convient aux efforts de clarté ; mais il n'est pratique qu'en province ou à la campagne. A Paris la vie nocturne s'impose et fait de la matinée une compensation de repos, de soins physiques et intérieurs.

La gourmandise, le plus bas de tous les péchés, est aussi le plus antithétique à l'initiation.

Quant au végétarisme, je ne le conseille pas ; il diminue la combattivité et le Mage étant destiné à lutter, devrait, dans la mesure du possible, manger de la chair d'animaux farouches et sauvages ; j'indiquerai, à cause de leur phosphate, les poissons, les laitances et les caviars.

Un autre point de nutrition ici prescriptible, le fruit, spécialement convient à l'intellectuel, l'oiseau est à proscrire. Quant aux boissons, ni bière, ni cidre, ni aucune liqueur ; des vins et, si cela est possible, rien que de l'eau, sauf aux moments où l'on veut éperonner l'organisme. Ces conseils sont ceux de l'hygiène morale.

LOI. L'homme ordinaire traite le corps pour vivre sainement et pleinement.

L'initié traite l'âme, persuadé que le corps prendra l'accommodation animique.

Manger jusqu'à s'alourdir, boire jusqu'à s'étourdir sont deux fautes.

Celui qui consulte un menu et se réserve pour tel plat, celui qui ne s'arrête pas à la première satisfaction d'estomac, celui-là pèche contre l'initiation.

Il faut, comme Léon X, rester tempérant devant une table de Lucullus; agir suivant son besoin et non pas suivant la sollicitation des mets.

Celui qui se laisse séduire par un aliment est un sot.

On ne doit pas lire à table, ni après la table, sinon à haute voix; la déclamation peut à la fois servir la digestion et préparer au travail cérébral. L'après-midi convient au bouquinement, aux recherches, à l'accumulation des matériaux pour l'effort du soir.

L'heure qui précède le coucher du soleil, infiniment propre à l'émotion féconde, doit être pour l'initié comme elle est pour la nature, un moment recueilli où l'on s'écoute vivre et penser.

La vie nocturne étant née, chez les Kaldéens du cli-

mat, chez les Parisiens, de cette conception fausse que
le plaisir se trouve en dehors du travail, on ne saurait
la régler que pour soi.

Le théâtre lorsqu'il s'appelle Racine, Corneille, surtout Shakespeare, encore plus Wagner, le théâtre est
la seule beauté de la civilisation.

« Le matin aux églises, l'après-midi aux musées,
aux bibliothèques, le soir aux théâtres, voilà la vie
extérieure de l'initié. »

Si la soirée est donnée au labeur, aucune purifica-
tion n'est nécessaire, mais si l'on rentre d'un bal, il
faut brûler quelque encens afin de se désinfecter
astralement.

> Que jamais le sommeil ne ferme ta paupière
> Sans t'être demandé : Qu'ai-je omis ? qu'ai-je fait ?
> Si c'est mal abstiens-toi, si c'est bien persévère.

Ce conseil des *Vers dorés*, que donne aussi la piété,
est d'une importance colossale surtout si, ayant exa-
miné ses fautes du jour, on s'impose dans le plan du
lendemain des ordres réactifs.

Cela fait, la prière semblable à celle du matin, sauf
l'oraison improvisée qui doit toujours exprimer les
besoins du moment.

Quant à l'utilisation du sommeil pour l'art notoire
ou l'œuvre, je l'indiquerai dans un suivant volume : il

suffit, souviens-t'en, que ta dernière pensée soit abstraite ; ton dernier regard, avant d'éteindre la lampe, doit aller non à un portrait, mais à un chef-d'œuvre comme le *Cenacolo* de Léonard.

Celui qui ferme sa paupière sur un rayon d'idéal n'aura point de cauchemars ; les fantômes ne viennent jamais vers le pieux de l'art grandiose.

L'idéal pour s'endormir comme pour l'éveil serait quelques accords de sainte harmonie, quelques mesures de Beethoven, de Wagner, de Bach.

Endors-toi dans une pose noble et toujours sur le côté.

La magie pratique, soumise à des préceptes rigoureux, ne possède plus de règles dès qu'il s'agit du détail personnel.

Ce qui convient au provincial ne s'adresse pas au Parisien. Celui qu'une glèbe attache ne saurait suivre l'entraînement indiqué à cet autre libre de toutes ses heures.

Mais j'indique trois rappels magiques dans le jour possibles à tous : au lever, prière et résolutions ; à la vesprée, recueillement pour écouter l'inconscient supérieur ; au coucher, prière et examen.

Quiconque chaque aube prie et veut ; à chaque vesprée rêve, à chaque coucher prie et se juge et veut encore — celui-là sera mage.

Car trois fois le jour il affirme sa volonté et selon la communion des saints, et selon la communion des génies.

Sainte Thérèse disait : « Donnez-moi un quart d'heure de réflexion chaque jour et je vous promets le salut ». Donne-moi trois quarts d'heure de réflexion par jour et je te promets la magie.

Ce ternaire d'exercice que rien ne doit te faire cesser, ni la fatigue, ni la maladie, ni même l'hébétude, car mieux vaut encore l'imparfait que l'omission, ce ter-naire suffit à faire de toi un adepte, si tu y ajoutes deux règles dont l'une appartient à la morale courante, dont l'autre te fera honnir si tu l'avoues.

La première veut que tu sois un gentilhomme, c'est-à-dire un homme qui ne ment, ni n'intrigue, ni ne finance d'aucune sorte : la seconde t'impose de renier la société, la patrie et ton temps.

Si tu es soldat ou plus encore officier, si tu es doua-nier ou, pis encore, ministre, si tu es quelque chose dans l'infamie de ce pays et de ce siècle, vainement tu prieras, tu appartiens au collectif, valet du mal ; patriote, va à l'absurde, tu iras un jour au néant, quand fulminera sur l'humanité le pentagramme irradiant de la justice.

Il faut se défendre, non pas combattre : considère donc toute hostilité à l'instar d'une chose, et repousse-la hors de ta voie ou gare-toi d'elle, comme d'un rocher croulant, d'un vent violent : n'accorde jamais à aucun être la qualité d'ennemi, ce serait le mettre à ton niveau et reconnaître son destin égal au tien. Comme la grande rareté de ce monde est la persistance, il est très rare que l'hostilité dure longtemps. En outre, l'hostilité qui s'escrime dans le vide, c'est-à-dire en face d'un repos de combat, se lasse, et se lassant, s'épuise.

Pardonner ne semble pas le mot magique de l'idée qu'il enferme. Pardonne-t-on au vent, qui arrache un toit, à la pluie qui pourrit une récolte? Quiconque t'offense n'est que du vent et de la pluie : abrite-toi, abrite ce qu'on menace et laisse passer. Celui qui te calomnie, qui te vole ta place en quelque lieu, agit sous l'influence d'instincts corrompus bien plus misérables qu'une manifestation élémentaire.

Parvenu à ce dédain des méchants, tu es bien près de les vaincre, car nier un être quand il est injuste, c'est à moitié le méduser; nie donc tes ennemis : essuie la calomnie comme fait un matelot lorsque le grain passe.

Il n'y a de redoutable que ce que tu crois tel, et la chose humaine niée se rétracte aussi impuissante que la pieuvre, si elle ne rencontre pas un point d'appui.

CONCORDANCE CATHOLIQUE

ARCANE DE NEBO OU DE RÉCUPÉRATION

Le sacrement de pénitence consiste en contrition, confession et satisfaction.

Je suis forcé de contredire ici les catéchismes ; la satisfaction ne consiste pas à réciter quelques *Pater*, cela ne vaut pas non plus le nom de pénitence.

La satisfaction consiste dans la réparation de ses fautes ; qui a calomnié doit réparer sa calomnie en la même assemblée où elle la produisit ; cette dévote dont les propos ont sali une réputation doit aller chez toutes les personnes qu'elle connaît, se palinodier.

Si les mêmes prêtres imbéciles qui défendent l'étude du nu aux artistes imposaient la satisfaction à leurs ouailles, il y aurait moins de communions fréquentes, moins aussi de communions indignes.

Les catéchistes réduisent à trois les œuvres de satisfaction, la prière, l'aumône et le jeûne. Ce dernier moyen de satisfaction est vraiment d'une simplicité tout à fait puérile.

La Magie exige que l'initié satisfasse par l'acte de lumière opposé à son péché : telles sont la correction personnelle et la réaction scientifique qui font les forts et développent en nous la faim et la soif de justice.

VI

DE L'AMOUR

Cette faculté de s'exhausser par la vibration nerveuse, et de reproduire prismatiquement transposé le
mouvement ascendant donné par l'homme, fait de la
femme une féerie que seuls le superficiel ou le faible
dénigrent : l'un, parce qu'il est au-dessous ; l'autre,
parce qu'il a peur. (*Un Cœur en peine*, septième roman
de l'éthopée *la Décadence latine.*)

La Bibliothèque universelle ne contient pas une penseuse; cependant, l'éloquence des saintes Thérèse, Brigitte, Marie d'Agreda, est admirable, parce que Dieu
les féconda. La femme, toujours lunarienne, ne peut
réfracter que la lumière irradiée en elle par l'Amour.
(*A Cœur Perdu*, p. 38.)

VI

DE L'AMOUR

Nom divin : אלגבור (El Gibbar).
Sacrement : L'Ordre.
Vertu : La Force.
Don : L'Intelligence.
Béatitude : Le Cœur pur.
Œuvre : Supporter :
Ange : Zachariel.
Arcane : Le Senaire.
Planète : Mérodack.

L'Amour est le désir permanent du meilleur ; entendre ce mot au sens sexuel c'est ne point l'entendre, circonscrire la volupté entre une table et un lit et donner à la femme le souverain empire de l'amour, cela ne se conçoit pas. L'Eros grec signifie le Désireur, et son mythe ne se rapporte aucunement à la passion conjugale.

Au contraire de la femme, qui dans l'économie providentielle doit tout subordonner à son époux, l'homme ne doit mettre la femme qu'au second plan de sa pensée et de sa vie, et le type de Don Juan m'apparaît le plus vain qui soit ; cet homme qui répète sans cesse le même exercice, ce nigaud qui croit que changer d'instrument fait meilleure musique, ce superficiel qui n'aperçoit pas le vide de la femme et qui a l'âme trop faible pour créer ce qu'il désire, Don Juan représente ce privilège diabolique de l'art, ce prodigieux effet du libre arbitre cérébral, par lequel l'homme parvient à avoir raison contre la Rationnalité.

La contemplation du mystère de foi ou de poésie, l'étude d'un prélude de Bach, d'un dessin de Léonard, d'un métope, ne sont pas le fait de beaucoup : et la femme devient tout l'horizon idéal pour celui qui ne se hausse pas jusqu'à l'abstrait.

Distingue bien en ma pensée que, comme l'apôtre, j'estime le célibat supérieur au mariage et plus propre à la perfection individuelle.

Toutefois le mariage reste la seule forme de l'amour compatible avec la Magie : l'épouse vaut toujours mieux que la maîtresse, en vertu de cette loi que j'ai déjà dite, par laquelle la femme poursuit son intérêt de destin dès qu'elle aime ; l'union sacramentelle la désarme en unifiant son destin avec le tien.

Initié, ne te marie que si tu possèdes, ou si on t'apporte l'indépendance matérielle : du jour où tu es époux, ton premier devoir consiste à défendre de toute gène ta femme, pareillement tes enfants ; et, sans or, te voilà forcé à pactiser avec le siècle, à prendre du service dans une abomination sociale : tu peux encore être un saint, tu n'es plus possible pour la Magie.

Quant au célibat sans vertu, je t'ai donné aux règles de sociabilité les avis profitables communément. Wagner a prodigieusement représenté la femme et plus synthétiquement que Balzac : Elsa forcera toujours la révélation qui la tuera et Koundry, la féminité en personne, fluctuera du Graal à Klingsor également excessive au mal et au bien. Ni femme, ni maîtresse ne doit te dominer : retiens que la femme, toute-puissante dans l'intimité, est impuissante sur celui qui s'en va. Ne discute jamais ; la femme oublie-t-elle son obéissance, va-t'en : va-t'en dans la pièce à côté, ou dans la maison à côté, ou dans le pays à côté. Va t'en pour une heure, ou un jour, ou un mois. A toi de juger des cas, je ne puis que te donner le secret : « Va-t'en. » Car d'un côté cela frappe la femme dans son sentiment essentiel de la possessivité et, en outre, il n'y a que les brutaux qui résistent aux luttes d'intimité.

Soumise à l'homme, reverbérative, la femme devient son égale en ce qu'elle est son double, sa sosie zélée et enthousiaste ; idéalement l'époux et l'épouse seraient l'androgyne platonicien, un même être en deux exemplaires. Soumettant l'homme, elle le méprise ; la femme n'aime que son maître.

Est-ce à dire qu'il faille tyranniser cet être si peu responsable et si inconscient ? Non certes, il ne faut que la subordonner à l'idéal, sans l'humilier. Ne dis jamais à la femme : « Vous êtes incapable d'un tel sentiment » ; elle est capable de tous, hauts et bas, et fais-lui crédit : et la coquette éternelle métamorphosera ses sentiments pour te séduire. Montre-lui une chimère et dis-lui : « Voilà ce que j'aime et ce que vous pouvez réaliser. » Si elle t'aime, elle réalisera; si elle ne t'aime pas, le mal est petit en soi. Rien ne ressemble autant à un amour que tout autre amour.

La tendance de ce sexe étant, comme celle de la plèbe, d'essayer toujours si ce qu'elle l'aime, résistera : oppose le silence et l'absence à toute rébellion. Tu ne risques que d'être trompé par vengeance, ce qui est peu, ou désaimé, ce qui est moins encore.

Balzac, le plus grand génie littéraire de ce siècle, a fait un livre naïf sur la crainte du cocuage, et les romanciers superficiels n'ont pas su les affres d'être aimé.

Ne sois jamais jaloux, et tâche de te défendre des jalouses : elles saccageraient une existence sans un remords.

« Je souffre », dit la femme et sitôt la voilà justifiée de tout. Efforce-toi, mon disciple, de ne jamais inspirer de sentiments extrêmes ; ils sont brefs et laissent des ruines derrière eux.

Nous demeurons responsables des folies dont nous sommes l'objet : l'initié veille à ne désordonner aucune âme. Nous sommes aussi répondants des douleurs qui naissent de nous ; et notre nom ne doit pas être prononcé avec des larmes, fût-ce par un seul être.

Toutefois, lorsqu'il y a collision de destins, lorsque la femme mêle à son amour une affaire et poursuit en même temps la lutte pour la vie et la lutte pour l'amour, il faut briser la femme sans hésitation.

L'art a beaucoup gâté l'esprit humain par son outrance sentimentale. Quel poème de vertige que *Tristan et Yseult!* Mais il faut qu'ils meurent, car la vie ne permet pas au vertige de durer ; et la folle passion qui tue dans l'œuvre d'art, abrutit en réalité.

Conçois le véritable amour comme une bonté tendre plus attentive encore que vive, plus permanente qu'excessive.

Conçois la volupté en mode apaisé et gracieux et non farouche ; recueilli et souriant. Les beaux cœurs reflètent profondément, mais paisiblement ; les beaux corps se rythment sur la caresse calme (1).

(1) *Comment on devient fée ?* in-8, suite du présent.

Que l'idéal soit toujours en tiers dans ton amour.

Je n'entends pas certes que tu basbleuise ta femme. Une femme ne sait jamais rien ; quels que soient ses efforts, elle aboutit au rôle perroquet, et assomme ; mais quelques rares enferment le précieux enthousiasme : les élues peuvent admirer.

Si tu rencontres quelqu'une de celles-là, fomente en elle cette belle faculté de l'enthousiasme ; que le culte du génie humain la voie servant la messe idéale : ce que sa vibration ajoutera à la tienne est indicible.

Le soir descend sous des arceaux de cloître et l'angélus tinte, si ton épouse alors ajoute son impression à la tienne, tu connaîtras l'admirable second violon qu'est la femme au duo sexuel.

Le domaine musical, si matériel, si nerveux de mode impressif, m'apparaît le seul où la femme puisse célébrer le mystère : l'âme de la moderne, le meilleur de son âme se manifeste par le piano.

Il faut que l'amour soit l'apaisement pour être vraiment l'amour ; sinon il s'appelle passion, on le subit comme un instinct supérieur.

Tu n'éviteras probablement pas cette phase de la formation sentimentale où la lecture de Musset et l'exemple de ton monde te pousseront à tout subordonner à des possessions sexuelles. Comme je ne peux sans sottise croire que tu seras assez sage et prématurément grand, pour terrasser la chimère passionnelle à tes premiers pas, ni assez heureux pour résoudre par un mariage heureux le problème des vingt ans, reçois ces conseils qui ne sont pas les commandements de l'idéal, màis leur accommodation à ta faiblesse.

L'amour ne féconde, c'est-à-dire n'éveille en nous de multiples impressions, que par l'imagination et le désir ; il est donc mauvais de perpétrer l'œuvre de chair, et le moins c'est le mieux.

Car la volupté n'est pas dans le spasme, mais dans la progression nerveuse antérieure.

Ne dors jamais auprès d'une femme comme amant ; je ne te défends pas le lit, je te défends la couche qui appartient au seul mariage.

Distingue bien que le mariage est une résolution d'accoupler son destin à un autre destin et que l'amour est une tentative d'art, qui cherche la restitution de l'être primitif, l'androgyne artificiel du platonisme.

Celui qui se marie doit être d'abord homme d'état; celui qui aime, poète et lyrique. Est-ce à dire que les deux ne se peuvent joindre ? Non, certes, mais comme l'amour ne comporte pas plus la durée que la clairvoyance, se marier parce qu'on aime est un acte d'instinct et imbécile ; se marier sans aimer, un acte noir et également sot.

Sois avec que là où tu vois du clair de lune et des

baisers, la femme voit souvent un meilleur moyen d'existence, ce qui lui est permis, mais ce qui ne t'engage pas à cette duperie de t'endormir au nom du rêve pour te réveiller aux bras de la nécessité.

Aussi, la vie de jeune homme est-elle encaissée entre deux barrières ; l'une t'interdit depuis la fille du peuple jusqu'à la déclassée parce que toute femme qui ne porte pas le harnais des convenances, peut trop aisément menacer ton destin ; l'autre te défend les épouses et les vierges, parce que tu leur apporterais un désordre de destinée. Ce qui te reste? tu ne le vois pas et ce n'est pas mon rôle de te le montrer ; mais les veuves et les divorcées me semblent celles qui à la fois averties et libres pécheront le moins, et j'insiste sur ce point que l'exercice sentimental suffit, que la tentation ne nécessite aucunement de céder, et qu'un flirt tendre contente les fines natures, en sa forme d'amitié voluptueuse.

Les poètes, ces êtres parfois divins, ont par malheur faussé l'imagination occidentale, en suivant la galanterie, que les Maures d'Espagne et les kalifats exagérèrent.

La femme n'incarne ni l'amour, ni l'idéal, et vraiment jugée sur ce terrain, elle tomberait au-dessous de l'imaginable. La sœur de charité et la mère de famille, sont incomparablement plus hautes que les amoureuses, même si on donne une égale valeur au plan de charité et au plan passionnel.

Demande donc à la femme ce que sa faculté de charité lui permet de donner, et non pas de réaliser ton rêve.

Évoque Cléopâtre non pas reine d'Égypte, mais fille d'un bourgeois peu aisé de Lyon, et tu verras que le prestige de la femme est fait de mille choses extrinsèques, telles que le nom, le rang, le luxe, la puissance.

Il exista jadis dans les familles royales des Atlantes et des Babyloniens, des princesses admirables ; mais pour produire ces météores, il faut deux mille ans de splendeurs monarchiques.

Tu rencontrerais Hatasou ou Nitacrit, ou Semiramis, sous les traits d'une femme de percepteur et tu ne la reconnaîtrais pas, car elle ne se connaîtrait que par un destin la révélant à elle-même; et il n'y a pas actuellement d'autre destin que d'être Madame Wagner, Madame Récamier, abbesse ou sainte.

Au reste le contemporain lui-même ne saurait donner à la femme les joies d'autrefois, pour cette raison usuelle que la femme d'un général est toujours plus jolie que le général.

L'art seul doit satisfaire à tes rêves ; vis avec les chefs-d'œuvre et ne demande à la femme que du cœur et de tempérer ta sensibilité.

La femme qui passe doit produire un mirage, la femme qui reste un assagissement, et le mariage n'est si beau que parce qu'il réduit la passionnalité à son minimum d'importance.

Ces idées ne sont ni courantes ni propres à être reçues aisément, elles ne flattent point les sens et aux superficielles paraîtront mysogines, avant que la science d'Aimer n'ait été dite avec des développements ici impossibles.

Ce que je peux indiquer, c'est l'idéal de l'amour, en même temps du mariage : la paix simultanée du désir et du destin trouve sa réalisation dans le seul cas où la femme comprend son rôle satellitaire de l'homme, de l'homme supérieur s'entend.

Quoique de nos jours, ce mot doive être usurpé par les bas-bleus et leurs similaires du pinceau, je ne puis cacher que des êtres ont existé, existent peut-être, également supérieurs à l'un et l'autre sexe, ce sont les androgynes comme saint Jean, Mozart et Raphaël : mais ce troisième sexe ne consiste jamais, femme, à écrire des articles, homme, à faire de la tapisserie.

Il ne faut point oublier que les Keltes qui subirent d'abord le sacerdoce féminin, furent poussés par ces êtres de prétendue douceur aux sacrifices humains, que partout où la femme commande, la démence règne, et que tu ne dois aucunement lui obéir.

Jamais le mot maitresse ne doit sonner à ton orgueil ! Aie des amies, ou aie une épouse, nulle autre.

Inutile me paraît la mention de la fête, ou débauche : le viveur est toujours un imbécile.

Il y a place entre le prêtre et le laïc pour un tertiaire qui repousse les bas péchés du laïc sans prétendre à la pureté sacerdotale. Aux piliers d'église qui expirent la calomnie après chaque *pater,* aux gens de haine je parais ici donner licence d'immoralité, alors que restreignant la prévarication, j'obtiendrai peut-être une amélioration au lieu d'exiger une rigueur dont on rirait.

Sans révéler l'ésotérisme de l'amour, je puis laisser voir que la volupté même a un grand rôle comme ferment de l'âme, comme levure de l'être en panification de perfectibilité ; et une seule remarque rendra sensible cet archidoxe.

La douleur apparait, à tout penseur, la condition d'élévation morale ; or, l'amour sexuel ne réalise-t-il pas les plus étonnants caractères d'appeau pour faire souffrir, et la passion ne définit-elle pas une souffrance qu'on accepte et qui plait ?

Aussi parlant, non pas à un futur Ariste, à un qui veut devenir Mage, parlant à un tout-le-monde, je le pousserais à l'amour quand même et quelconque comme à la seule salure qui puisse empêcher un du collectif de trop pourrir et puer.

CONCORDANCE CATHOLIQUE

ARCANE DE MÉRODACK OU DE COMMANDEMENT

Dans les temps comme le nôtre où il y a scission entre
l'Art et la Foi, la Science et le Clergé, c'est le devoir
des chrétiens d'exception de tenir l'emploi où les oints
sont incapables.

Quand la curie romaine est lâche, l'épiscopat français assermenté, les congrès catholiques assez gâteux
pour défendre l'étude du nu et renier Baudelaire et
d'Aurevilly, il y a lieu de restaurer, comme j'ai fait,
l'ordre de la Rose ┼ Croix du Temple. Le clergé contemporain ne veut que des dévotes, parce que cela est
commode à son ignorance et à sa paresse.

Les magnifiques de la Rose ┼ Croix assument le fardeau de tenir haut et ferme la croix sainte dans la sphère
la plus haute, celle de la subtilité et de la beauté.

VII

DE L'AUTODIDACTIE

Un vrai chrétien a deux prochains : l'autrui et l'au
delà.

Gestes, chefs-d'œuvre, prestiges, idées, idées surtout, vertiges d'héroïsmes, rayonnements d'art, thaumaturgie de foi, ascensions de gnose : voilà les voies,
voilà les vœux, voilà les oraisons et les mérites. (L'*Androgyne* et la *Gynandre*, huitième et neuvième roman
de l'éthopée *la Décadence latine*.)

VII

L'AUTODIDACTIE

Nom divin : אראריתא (Araritha).
Sacrement : Mariage.
Verbe : Tempérance.
Don : Sagesse.
Béatitude : Pacificité.
Œuvre : Nécrolatrie.
Ange : Orifiel.
Arcane : Le Septenaire.
Planète : Adar.

Crains l'exemple d'autrui. Pense d'après toi-même.

Le plus profond des *Vers dorés* nous avertit que pour se fiancer au mystère, on meurt au monde. Toute grandeur est fille de la solitude, non pas de cette solitude matérielle si facile à réaliser sur un îlot, mais de la solitude cérébrale qui se pratique à Paris, en tout lieu, et qui exige une force de personnalité rare et tenace ; car il ne s'agit pas, comme en mystique, de s'abîmer en Dieu, mais de le chercher par toutes les voies de l'entendement ; ces voies ce sont les livres testamentaires de la pensée humaine. Le commerce avec les grands morts, la méditation des textes de Moïse, de Pythagore, de Platon et des Pères de l'Église, voilà la seule nécromancie et le grand secret de la puissance magique. Pour l'initié, le présent n'est rien que le moyen de l'avenir ; le passé seul présente un point d'appui mental.

Il y a une communion des génies comme une communion des saints, et la solitude seule y fait participer.

LOI. Le mage est en subtilité ce que le mystique est en extatisme ; le mage procède par l'entendement, le mystique par élancement ; celui-ci est un cerveau enthousiaste, celui-là un cœur se cérébralisant, et il y a un point où le cœur engendre l'abstrait, ou l'abstrait amène à l'extase ; saint Thomas et saint François personnifient le double idéal, il serait impie de vouloir préférer entre ces deux sublimes mages.

L'école italienne aime un motif, fréquent sous le pinceau de ses incomparables maîtres, le mariage mystique : la Vierge tenant l'enfant apparaît à sainte Catherine. Le divin Jésus tient un anneau d'or qu'il met au doigt de la sainte. Voilà le symbole du septième arcane.

L'initié conscient de lui-même, affranchi de tout social, préparé par les expériences de volonté, devient le fiancé de la tradition, il ne deviendra mage que si le passé l'accepte, nouvel anneau à la chaîne ininterrompue de la pensée.

Dès lors, l'âme étant préparée, la culture magique peut commencer. Mais malheur à celui qui prend l'occulte comme une profession. On n'est pas mage comme on est peintre ou journaliste.

L'initié ne devient adepte que du jour où il adhère à un abstrait, et cela ne s'entend pas de quelque écriture, mais d'un véritable effort de lumière impersonnelle.

La pire fortune pour la magie, ce pullulement de l'homme de lettres qui s'abat sur elle comme sur une branche encore inexploitée de la chose nommée copie : et les désœuvrés qui s'amusent du magnétisme, et les hystériques qui se font duper par les médiums.

Le véritable initié n'ignore pas que la magie ne peut être enseignée, car elle est la science, non pas une science ; elle est la méthode pour tout, elle ne saurait être la matière de rien.

Au reste, ceux qui pédagogisent l'occulte se gardent bien d'exiger aucune valeur morale de leur auditoire, ils s'adressent à l'entendement, mais on peut être un scélérat et avoir de justes notions métaphysiques. Pour devenir mage, il faut devenir noble et bon ; il n'y a pas de magie noire, pas plus qu'il y a de vérité-erreur, de lumière-ténèbre : il y a des esprits cultivés dont l'âme reste inculte, voilà tout.

Ce qu'on nomme sorcier n'est autre qu'une mauvaise volonté viciant une certaine culture.

Les crimes de la sorcellerie sont des crimes ordinaires ; accomplis dans une époque de foi, ils revêtent un caractère superstitieux. Qu'est-ce donc que le Klingsor médiéviste, sinon un simple criminel qui fait des simagrées en plus. Don Bazile avec sa calomnie est un envoûteur beaucoup plus redoutable que les pétrisseurs de l'effigie en cire : et Gilles de Raiz qui cherchait l'or en immolant et en violant des enfants ne me semble pas plus satanique que Jules Ferry provoquant, par sa sale invasion du Tonkin, l'invasion mongole qui dans un demi-siècle campera sur la place de la Concorde. Il ne faut pas être dupe des formes et des modes de faits permanents, Orphée charmant les monstres s'appelle plus près de nous Lamartine, médusant une révolution par une phrase lyrique.

N'est-ce pas stupéfiant qu'on étudie la suggestion momentanée et individuelle avec un grand concours de savants patentés, avant de s'être expliqué cette suggestion colossale qui fait accepter le service militaire à un peuple prétendûment civilisé. Au lieu de remuer le côté pittoresque et eau-forte du moyen âge, demande-toi quel sorcier a jeté le sort de l'obéissance passive sur l'Occident ; l'État trouve autant de maléficiés qu'il en veut pour les envoyer crever au Tonkin, voilà qui mériterait un peu plus d'explication que le déplacement d'une brosse de la cheminée à la table. Comme je ne peux pas t'empêcher de faire des expériences de déterminisme phénoménal, je t'indique seulement que la vérité seconde ne se cache pas dans l'anormal, mais parmi les phénomènes permanents.

Explique-toi la succession des idées qui te visitent en un seul jour, cela vaudra plus que de détailler les phases de l'hypnose.

Comme je t'ai enseigné à te circonscrire à toi-même, à t'isoler de l'époque et du milieu, je t'engage à circonscrire ton étude sur ta propre personnalité jusqu'au jour où tu l'auras parachevée. Alors tu regarderas le présent pour y semer les germes de l'avenir; jusque-là aie l'œil et l'esprit sur le passé.

Sans limiter tes lectures, sois toujours en défiance devant le Verbe hindou ; car tu ne dois, catholique, adopter que les philosophes, et le bouddhisme est une religion.

La tradition sémitique, la plus pure et la plus forte, est entièrement conforme à l'Église; suis-la, mais comme le Sémite, ce suprême théologien, n'est pas un artiste, demande au génie grec des Pythagore, des Platon et même des Alexandrins, ce qui manque à la Kabbale.

Avec le *Credo* catholique pour étalon de vérité,

choisis parmi le Verbe kaldéo-grec ce qui convient le mieux à ta nature. Dieu n'est pas seulement très varié, il est infini et partant indéfini ; à le définir, sers-toi du mot le plus noble à ton sens, appelle-le Artiste si tu veux ; ou bien ne le nomme pas, car le langage angélique lui-même n'y parvient point.

Que la majeure partie de ta veille soit hors du siècle : suppose la méditation d'un ange qui aurait vu se dérouler toute la création et le règne hominal, voilà le point de vue où tu dois penser.

Efforce-toi de trouver un intérêt extrême à ta propre perfection, cultive-toi comme les dévots font leur salut, d'une sorte entêtée et comme hypnotique sur l'Abstrait.

Cache ton initiation ; c'est le premier cercle d'or d'une couronne, et, en ce temps, les assassins de Louis XVI et de Marie-Antoinette sont les maîtres et ils détestent plus encore l'intelligence catholique que la royauté.

Les affaires de l'Occident sont à jamais gâchées ; il n'y a plus rien en France de sauvable ; mais la langue française sera demain la troisième langue classique, et voilà pourquoi il te reste encore un devoir de haute culture.

Je ne veux certes te pousser ni à la conférence, ni à la littérature : même si tu as le désir noble en soi de la gloire et que ton destin le permette, écris tard, publie plus tard encore.

La magie n'est ni dans le livre, ni dans l'action, mais dans le verbe : si tu penses juste et si tu penses toujours, une heure viendra où ta pensée sera manifestée, elle deviendra agissante si elle est belle.

A l'égard du prochain sois pacifique ; non pas indifférent ; en toute occasion où l'on insulte Dieu ou les génies, proteste, tu le dois.

L'exécution des décrets de l'infâme Ferry, la tentative d'assassinat de Fiorentino sur *Lohengrin*, la ligue des patriotes contre *Lohengrin*, voilà des exemples où la colère est sainte : car tu dois littéralement vivre d'admiration autant que de piété.

Initié, tu voueras un culte à Pythagore comme à Phidias, à Léonard comme à Orphée, à Fabre d'Olivet comme à Delacroix.

Seule, l'admiration à l'état religieux peut te rapprocher des génies.

Les *Vers dorés* disent, comme troisième ordre :

Révère la mémoire
Des génies bienfaiteurs des héros demi-dieux.

LOI. Le verbe du génie ne meurt pas plus que le génie lui-même ; la pensée de Platon flotte toujours vive dans l'éther et l'initié, par les rites de l'admiration, attire sur lui le rayonnement et la fécondation de l'Esprit dont il se fait disciple.

Rien de plus constaté que le pouvoir des apotro-
péens ; par l'invocation à saint Antoine de Padoue, je
retrouve immédiatement un objet égaré ; l'image de
saint Christophe est un talisman véritable contre les
accidents ; pourquoi les élus de l'intelligence n'auraient-
ils pas la même thaumaturgie ? En magie, le signe de
Salomon ou du macrocosme est dit tout-puissant,
quoique depuis longtemps son verbe soit absent de la
culture ; en magie comme en religion, le signe de la
croix apparaît le signe suprême.

Ne laisse jamais l'ivresse de l'intelligence te détour-
ner de la religion, et croire que science vaut vertu ; surtout, initié, ne cesse pas d'être un fidèle : ce qui te fait
douter de l'excellence du catholicisme, c'est ta propre
routine.

Assiste à la messe en esprit, en critique, et tu seras
terrassé de sa splendeur.

Retourne ce que je t'ai dit dit de l'atmosphère morale,
à propos du café, retourne-le en faveur de l'Église ;
c'est le seul lieu où l'air, au figuré, soit sain et vivi-
fiant.

Quant au clergé de l'heure, un évêque français ne
vaut pas une corde ; mais il fonctionne le divin, et cela
suffit pour que tu le défendes, même si tu le méprises.

Les congrégations romaines te semblent d'une compétence douteuse, ne les heurte point ; ta main pleine

de vérités, ferme-la, si les vérités sont intempestives.

Rends aux dieux immortels le culte consacré.

C'est le premier mot de Pythagore, ce sera la dernière idée de ce tome. Quiconque ne va pas à la messe, n'entrera pas au temple du mystère.

Je me suis efforcé de te détacher de tout, le zèle qui te reste, donne-le à l'Église. Elle ne te force pas à traduire Nahash par serpent, mais elle a dû satisfaire au plus grand nombre avant de penser à toi.

Sois catholique pour devenir mage, et n'oublie jamais que si tes maîtres sont parmi les morts, tu as un supérieur parmi les vivants, Sa Sainteté le Pape.

CONCORDANCE CATHOLIQUE

ARCANE DE ADAR OU DE LA PERMANENCE

La correspondance du mariage en magie, c'est l'union
de l'initié avec la tradition contenue dans les chefs-
d'œuvre, c'est le souci même, chez le catholique
romain, de combiner toutes les parcelles de vérité
éparses et quelques-unes propres à des cultes disparus.

La vertu de l'initié se forme de la sérénité : elle lui
vaut la béatitude donnée aux pacifiques.

L'œuvre de miséorde la plus haute consiste à faire,
dans sa pensée, une sépulture aux sublimes pensées ; à
recueillir les belles idées perdues dans les anciens livres,
et, je le dis hautement, aux congrégations romaines,
élever en son entendement un cénotaphe à Platon,
repenser les sublimités de Confucius ou de Zarouthous-
tra, sera toujours la plus haute des piétés comme la
plus rare.

Saint Augustin, après avoir dit les sept degrés de la perfection, dénonce le huitième comme le signe de la réalisation septennale : « Souffrir les persécutions injustes. » J'avouerai que, pour le mage, cette béatitude est infiniment plus réalisable. La persécution vient de l'État ou de l'individu, et le mage méprise l'un comme l'autre.

Le mage ne s'affecte d'aucune façon morale.

Qu'importent la méconnaissance et le jugement universel. Je déclare que ce qu'on nomme déshonneur, dégradation militaire, perte des droits du citoyen, ne m'inspire qu'un sourire de pitié, et que, débarrassés des pénalités matérielles, il serait souhaitable et glorieux de se sentir ainsi renié par l'État.

Lorsque Théophile Gautier a dit qu'il donnerait tous ses droits de citoyen pour voir Julia Grisi au bain, il a dit une grande et noble parole, et il n'est pas un homme supérieur qui ne l'ait répété mentalement.

Je ne te conseille pas de te singulariser même si tu attends, comme il le faut, de t'appuyer sur une œuvre, mais si le monde provoque ta personnalité, dresse-la, scandalise plutôt que de ressembler au grand nombre, et médite cette parole de Massillon, que, dans tous les temps, les hommes supérieurs ont été des hommes singuliers, et qu'il vaut mieux souffrir d'être trop soi-même que de jouir au prix de la ressemblance avec les autres.

LIVRE DEUXIÈME

DUODÉNAIRE

DE

L'ASCÈSE MAGIQUE

> Quelque chose meurt dans l'humanité qui, depuis sept mille ans, survivait à tout ; nous touchons à des temps imprévus où le bien, le beau, le vrai seront impossibles. Vingt siècles après le Christ, il n'y a plus de place pour un Messie. Les voies corrompues jusqu'à pourrir se dérobent au pas des Théurges : l'âme du monde est damnée. (*La Gynandre*, neuvième roman de l'éthopée *la Décadence latine*, p. 319.)

I

LA QUIDDITÉ OU DE LA VRAIE VOIE

Nom divin : Tsavaoth Elohum.
Séphire : Kether.
Série spirituelle : Seraphs.
Signe : Le Bélier.
Arcane : L'Octénaire.

Après t'avoir conduit jusqu'à l'ascèse, je te dois une définition de la magie : c'est l'art de la sublimation de l'homme : aucune autre formule ne vaut

La sublimation s'opère sur soi, en idée et en acte; il faut être sublime pour penser juste, et penser juste pour agir dans la lumière.

Tu ne retrouves pas ici les promesses d'Eliphas Lévi ni l'érudition de plus récents dissertateurs. Je ne peux te promettre que la proportion du résultat à l'effort. Quant à l'érudition, je n'aurais qu'à te citer du Fabre d'Olivet, mêlé à du Drach pour t'éblouir. En ton seul intérêt, je débarrasse la matière de son beau décor ; pour satisfaire à ma conscience, je rapproche l'idéal catholique et l'idéal magique ! l'adoration animique et l'adoration intellectuelle de Dieu : la piété et le mystère.

Le mystère est-il au-dessus de la piété? Oui, si la piété lui sert de base. Car c'est ici le point le plus important de mon enseignement, que la magie ne s'accommode pas de la malhonnèteté.

Un mage journaliste, un mage avocat, un mage fonctionnaire de la république : risée.

Quant à ceux qui ont lu beaucoup de volumes et qui en ont écrit plusieurs sur la matière, sont-ils mages? Une prédilection de lecture et des travaux d'érudition ne signifient pas si grand.

Le caractère essentiel du hiérophante réside dans sa doctrine et Renan aurait épuisé la même grâce dévote et perverse sur l'occulte qu'il ne serait pas plus un adepte qu'il n'est hiérographe. Même, c'est grand malheur cette manie contemporaine de traiter de l'occulte didactiquement sans autre dessein que de témoigner de sa bibliothèque et de sa curiosité. L'hermétisme devient une branche des lettres et subit la contamination des autres, lesquelles se croisent et se nouent avec les pires frondaisons du mal. Iouseph, père nourricier de Jésus quoique prince de la race daouidique, était inscrit à la corporation des charpentiers ; les Médi-

cis à Florence avaient leur nom parmi le corps mé-
dical. Nul homme n'a le droit de se dire mage sans
épithète : On est poète, métaphysicien, romancier, peintre, chimiste, érudit et l'on pratique l'ascèse magique
et l'on suit en ses œuvres la méthode magique. Exige
de celui qui se dit mage, d'exceller en son art, l'œuvre
te garantira la doctrine : sans cela il suffirait ou d'une
marqueterie d'archaïsmes idéiques ou d'un pastiche de
l'Apocalypse pour se mitrer et faire des dupes dont on
serait la première.

Lors même que tu ne devrais pas céder au vertige
d'écrire avant d'avoir senti qu'une parole te choisit
comme bouche ; lors même que tu serais décidé à te
cultiver en silence, choisis un terrain d'activité parmi
les belles-lettres ou les beaux-arts, afin d'éviter la lycan-
thropie.

Il est impossible, sauf à l'élu d'un ordre nombreux,
de se cantonner dans l'abstraction pure. La contemplation perpétuelle du mystère ne donne pas une illumination croissante ; la fixité mentale, comme celle de
l'œil, brouille bientôt les images, détermine un strabisme et le strabisme ici c'est l'erreur.

En outre, la spécialité que je te commande est nécessaire comme prisme où le mystère viendra se décomposer. Cette spécialité sera la lentille concentrative de la
lumière divine. Comme ton choix ne sera influencé par

aucune nécessité, tu trouveras du même coup ta vocation, c'est-à-dire ton aptitude maîtresse.

Alors tu marcheras simultanément sur trois voies; c'est-à-dire que ton effort ou autoperfectif, ou d'artifex ou d'abstracteur, à l'instant où tu agis sur un plan, écrit des basses sur les deux autres.

Sur la première portée ou de la culture du moi fais-tu un essai, vaincs-tu une habitude? parallèlement une accélération se produit sur les deux autres lignes comme si la mélodie, se pouvant écrire indifféremment en une des trois portées, engendrait son accompagnement sur les deux autres : l'idée profitant à la fois à l'art et à l'âme; ou l'art perfectionnant par loi d'écho l'âme et l'esprit.

Il est historique et aussi de constatation contemporaine que le plus grand nombre des Jasons de l'occulte se sont perdus, corps et biens ; la côte colchidienne mériterait le nom de baie des Trépassés. Ce péril a deux causes : se servir de l'épée des anges pour ses passions, cultiver exclusivement ou son âme ou son esprit. L'effort de l'agnoste, du quelconque porte sur les contingences et les effets, qui frappent durement mais ne terrassent point.

La volonté du mage touche aux causes secondes ou éthérées qui brisent l'être qui les veut matérialiser.

Un des trente-sept dogmes de Pistorius : *l'esprit se*

revêt pour descendre et se dévêt pour monter, nous avertit que la volonté de l'initié doit se dévêtir de passionnalité pour monter à la conception, sous peine de démence ou de maladie. Celui donc qui croit demander à l'hermétisme le pouvoir de séduire, de vaincre ses ennemis, de passer ses rivaux, périra.

L'initié accueille ou repousse le désir d'autrui mais ne le sollicite pas, de même il attend que ses ennemis se frappent eux-mêmes et accroît seulement son mérite en face de ses compétiteurs. Car la force, de toute force c'est l'adhésion au plan divin : la victoire y vient chercher toujours ceux qui l'y ont attendue.

Aux versets de l'histoire hébraïque Israël s'identifiant avec Iahvé, homologue l'ennemi de Dieu et l'ennemi de ce peuple puissant : il faut voir là beaucoup plus qu'un artifice prestigieux de grand art, une leçon inappréciable de magie pratique.

Es-tu lésé, juge si en te faisant tort, on a fait tort à Dieu ; si oui, cesse ta haine, tu as la garantie de la sainte Providence ; sinon cesse encor ta haine, la querelle qui n'a pas touché au divin, ne vaut pas un instant de ta pensée.

L'autre raison qui périculise l'étude de l'occulte, se voit d'abord aux cantonnements dans une branche de réalisation.

Malheur et déception à celui qui cherche la perfection métallique sans être d'abord un saint et un génie.

Malheur et déception à celui qui fait usage public du magnétisme et du phénoménisme occulte, sans une volonté pure et un désintéressement parfait.

Malheur et déception à celui qui, glorieux d'avoir collectionné une couronne de belles et fortes idées, vit d'une sorte vilaine et contraire à sa doctrine.

La sainteté comprend en elle la magie ; tous les élus de l'Église furent des mages ; mais combien peu d'occultistes furent seulement vertueux.

Sache, sans jamais t'en faire une excuse, que l'excès cérébral produit des contre-coups avilissants chez les génies eux-mêmes et ne va pas, à l'instar du bourgeois ignoble, absoudre ta paillardise parce que Dante ne fut pas chaste ou ton ivrognerie parce que Musset s'est grisé. Tu n'as pas même le droit de juger ces hommes, baise leur œuvre et admire ; les hauts plaisirs que tu leur dois, tu les dois à leur témérité. Je te convie à devenir mage, non pas à devenir flambeau : une extrême rigueur devient la loi de tout être qui manifeste sa pensée, l'artiste comme le penseur jouent leur éternité chaque fois qu'ils profèrent une parole.

Si le génie qui fit *Parsifal* est certain d'un bonheur sans fin et sans terme, si Gluck jouit de la plénitude de l'amour noble, si Platon est assis aux marches du trône divin, sois sûr qu'un imbécile comme Auber ou Scribe, un voyou comme l'homme de Médan ou un cuistre comme Luther seront damnés, et dans quel autre enfer que leur œuvre !

Au sortir de la vie, une éclatante lumière nous fait juger, avec une évidence de soleil, toute erreur, et l'erreur d'un verbe sera l'éternel supplice de celui qui l'a proféré.

Dans le siècle des siècles, Auber, l'homme de Médan et Luther seront hués par le mépris des mondes et des anges.

Aussi, mon disciple, garde-toi des œuvres prématurées, des paroles hâtives, garde-toi toi-même de l'œuvre et de la parole.

Comme, de nos jours, la magie est tombée jusqu'aux mains des journalistes, que les mondaines osent se faire broder des pentagrammes sur leur peignoir, tu pourrais croire que le mage est une sorte d'homme de lettres et que la femme peut entendre quelque chose à l'occulte.

Garde-toi de telles sottises : le vrai mage n'est ni un pédagogue, ni un chroniqueur, il ne prouve rien et ne daigne étonner personne ; dans l'antiquité, silencieux, il ne proféra longtemps que des prières et des ordres.

Aujourd'hui, les peuples, affranchis de sa tutelle sublime, errent conduits par des insensés, et lui, ne

peut même plus prier pour des sociétés égalitaires,
c'est-à-dire fiancées aux ténèbres.

Ton devoir consiste à préparer l'avenir, le présent
étant si pourri qu'y toucher le poudroierait plus vite;
et alors tu dois révéler (*revelare*) les éternelles vérités
afin qu'elles soient perceptibles à ceux qui vont venir.

L'office des penseurs est de renouveler les formes
(*species*) de l'immuable sagesse.

L'Égypte, qui a laissé de si beaux monuments de sa
puissance, ne nous a légué sa sagesse que sous d'indéchiffrables formes.

La Kaldée nous étonne de sa formidable entreprise
sacerdotale, sorte de dynastie intellectuelle qui régna
à Memphis comme en Étrurie, mais sa doctrine ni le
taureau ailé qui la garde ne la manifestent et les briques
bilingues de la bibliothèque de Ninive nous enseignent
plutôt les superstitions de Babylone que ses dogmes.

Plus près de nous, la pensée grecque demeure aussi
fermée. N'enseigne-t-on pas dans cette honteuse bauge
des jeunes esprits nommée Université que les Grecs
adoraient des déesses adultères et des dieux sodo-
mites? De tous les devoirs humains le plus noble c'est
de dévoiler, c'est-à-dire d'ôter les formes vieilles et
indéchiffrables de la vérité et de la revoiler, de lui
mettre des formes jeunes et qui la rendent plus manifeste et plus féconde.

Le nom de Dieu d'une seule lettre contient le mystère du gouvernement d'un peuple, le nom de Dieu de deux lettres contient le mystère du gouvernement de tous les peuples, le nom de Dieu de trois lettres contient le mystère du gouvernement de l'homme par lui-même.

Sous cette forme qui date comme rédaction de bien après la captivité de Babylone, que verra le contemporain sinon une énigme singulière, *I, el Ieschou*.

Le gouvernement d'un peuple doit être l'office d'un seul : Royauté.

Le gouvernement de l'univers doit être l'office de deux : le Pape et l'Empereur.

Le gouvernement de l'homme est l'offiee de trois : Corps, âme, esprit.

Voilà qui devient d'une clarté extrême, il ne reste plus qu'à faire le tableau de l'expérience historique pour démontrer que la royauté est la forme rationnellé du pouvoir restreint ; l'impérialiat subordonné à la papauté, la forme totale de la puissance ; et pour l'homme prouver, par l'analyse d'une heure de la vie d'un intelligent, que cette heure a été occupée par des phénomènes distribuables en trois séries : Sensations, sentiments, conceptions.

Un grand secret de l'occulte que très peu ont dit, parce qu'il les gênait ; la nécessité de créer la forme nouvelle où viendra se révéler la vérité.

L'art ou ne vaut rien ou vaut toujours. Dire qu'une œuvre a vieilli, sottise; il faut dire qu'elle ne valait pas. Le livre de Job et les Psaumes n'ont pas été effacés par les poètes modernes. Toute forme esthétique est définitive ou nulle; personne ne contestera que Wagner n'ôte rien à Palestrina ni Shakespeare à Eschyle, ni Balzac à Homère : du moment qu'on est, on est éternellement en art.

Pourquoi ? parce que l'art a son évolution complète en un homme : la science n'évolue que par civilisation.

De même, la religion évolue lentement et avec un grand ébranlement de peuple et de territoire.

Eh bien! la Magie a cela d'admirable qu'elle participe à la religion par la même solidité de base, et qu'elle évolue cependant toute entière en un homme, comme un art.

Le mage est un artiste de science ou un savant d'art, son âme prend donc une extrême importance, et si elle n'est pas souverainement belle, il incarne difformément la vérité, et la vérité difformée s'appelle l'erreur.

Par analogie. une doctrine n'est pas seulement une opération spirituelle : aussi une manifestation sentimentale.

La beauté de l'âme seule fait éclore la sublimité de l'esprit; et j'ai commencé mon enseignement par la culture animique.

CONCORDANCE CATHOLIQUE

ARCANE OCTÉNAIRE

La Religion est la forme collective de la vérité ; la Magie sera le contrepoint de l'homme extraordinaire sur la vérité. Jadis les Mages étaient les recteurs de la religion, ils en sont devenus inexcusablement les adversaires.

Pour vaincre la superstition qu'ils ne pouvaient déraciner, les premiers Pères damnèrent les appellations de forces cosmiques.

Afin d'obtenir l'unité de doctrine, les conciles renoncèrent à un sacré collège intellectuel.

Ce sont des faits ; sont-ce des fautes ? Je n'en déciderai pas ici ; il y faudrait beaucoup de développement.

En sollicitant chez l'exceptionnel une culture de l'esprit intense, je commande la même culture de l'âme que l'Église.

Si une assertion paraît contraire à la routine ecclésiastique, je n'ai pas à me défendre pour si peu ! Toute la théorie hermétique se résume par ceci :

Équilibrer l'esprit et l'âme, mais donner la préséance à l'esprit.

Faire par orgueil de son origine et sa fin, ce que les mystiques font par humilité.

Marcher la voie d'orgueil avec les mêmes œuvres que la voie humble.

Je parle pour de futurs cardinaux de l'esprit humain, non pas pour les crétins qui salissent l'église de la musique d'un Rossini, de la parole de Lavigerie, de la peinture de Signol.

L'ORIGINE OU DE LA MÉTHODE

Nom divin : צבאות, יהוה, Tsevaoth, Iehova.
Sephire : Hochmah.
Série spirituelle : Keroubs.
Signe : Le Taureau.
Arcane : Le Novénaire.

Dieu nous a créés propres à atteindre la personnalité éternelle : ce qu'on nomme le salut, c'est l'éternité affective, le bonheur : on s'y prépare par les renoncements, on y parvient par sublimation de toute notre âme en charité. Car la charité, c'est-à-dire l'état d'amour rayonnant sans choix de l'objet, apparaît l'état nécessaire pour la stase paradisiaque.

Au bonheur et à la personnalité affective s'ajoute en hauteur la personnalité intellective.

Sans pouvoir en ce présent livre édifier la théorie, j'enseigne que le devenir béatifique n'a pas de point d'arrivée, la gravitation ascendante est hors du temps, l'élu ne se résout pas en Dieu, il y tend d'une sorte croissante et augmentée sans cesse, mais plus il avance dans la lumière, plus il est lui, c'est-à-dire personnel : au lieu que beaucoup de théosophes font aboutir l'évolution à une sorte de collectif divin ou nirvanâ.

Si donc la personnalité est le souverain bien, ce sera aussi le souverain moyen de toute perfection.

Or, la personnalité s'élabore d'elle-même, c'est-à-dire que plus un être est solitaire, puis il est lui, *ipsissimus*.

L'insociabilité qui découle de l'humeur ne vaut point : au contraire, elle corrompt nos impressions et nous prive de ce bénéfice qui vient parfois du rayonnement d'autrui.

Mais Philinte est aussi loin de l'idéal que le bouillant Alceste, l'un s'est accommodé du mal et l'autre donne cours à sa colère trop passionnelle et surtout trop inutile. La femme vraiment honnête n'accorde rien à qui la flatte ; l'initié ne doit rien accorder au milieu.

Aller au théâtre du Palais-Royal, ce bouge où jamais l'art n'est entré, supporter une manifestation crétine, pactiser en quelque sorte que ce soit avec l'ignarerie ambiante, c'est équivalent à se salir. Voilà pourquoi l'hermétiste fuira tous les lieux consacrés à tuer le temps, le temps! ce bien précieux qui nous est mesuré, et par lequel cependant nous entrerons dans l'éternité.

La première des solitudes est la mentale ; celle-là toujours possible, sans cesse féconde. J'en ai dit les impérieux commandements dans le *Septénaire du sortir du siècle.* J'y insisterai à nouveau, telle est son importance.

A l'éveil s'ordonner, au coucher se juger, sont les opérations mères de la solitude. Tu verras par la suite l'avantage d'un plan de chaque jour, si le jour finit pour toi comme pour un pêcheur qui ramène ses filets et choisit les poissons, rejetant les vulgaires, conservant les vendables.

L'écart entre ton programme et le résultat te force à te connaître profondément et à apprendre le maniement de toi-même.

Tu as été frappé de la niaiserie des viveurs, du peu d'idées des gens qui ont fait plusieurs fois le tour du monde, de l'inanité de tels pédants, cinq fois docteurs.

Les uns ont eu sous les yeux, sous les sens, mille expériences ; les autres virent défiler les formes et les couleurs en leur variété admirable, et une bibliothèque a passé par la mémoire des derniers.

Que leur a-t-il manqué à ceux qui ont tout vécu, tout vu et tout appris, pour être supérieurs ? La conscience qui siège dans la solitude.

Si les viveurs chaque soir avaient réfléchi à leurs émotions, les capitaines repensé leurs impressions, les docteurs classé et synthétisé leurs connaissances, ils seraient tous admirables. Ils ont omis seulement de faire le tri du pêcheur, ils ont nassé à travers la vie, le monde et la science ; mais ils n'ont su sentir la vie à travers les sens, l'âme du monde parmi ses spectacles, et la science au milieu des examens et des thèses. Ils n'ont pas abstrait et cette négative suffit à les inférioriser.

Il y a un axiome diététique : « Ingérer n'est rien, digérer seul nourrit », qui se manifeste au cérébral et frappe de non-valeur toute supériorité basée sur la mémoire appliquée à un programme étroit comme celui de l'Université.

L'ingestion doit être le travail soigneux de l'adepte ; mais je traiterai de cela dans le tome métaphysique.

La seconde solitude est l'animique : il faut examiner sa personnalité du jour et ne pas garder en soi de vibratilité exagérée ni au plaisant, ni au pénible : se défendre des relents d'un mécompte comme du souvenir trop vif d'un baiser.

Il faut, à la fin du jour, s'isoler de la femme qu'on aime, des êtres qu'on voit, du groupe auquel on appartient, afin de ressaisir sa personnalité diminuée par les caresses aussi bien que par les exemples et le courant des étudiants de votre même étude.

S'endormir en proie à un trop doux souvenir ou à une velléité de faire comme un tel, sans autre raison que de l'imiter, ou enfin convaincu sans preuves de ce que la caste a édicté, sont là des circonstances diminuantes qui influent sur le demain et sur le toujours, cette succession des demains.

Dans la vie mondaine ou sentimentale ne permets jamais à une femme de toucher à une idée ; écoute ses confidences, ses rêves, ses toilettes, mais ne la laisse pas prononcer du métaphysique, si ce n'est pour un « amen ». Ne permets pas à une femme que tu honores de ta caresse, de penser autrement que toi en abstrait ; la femme doit croire selon la foi de celui qui a droit à son lit et rien de plus. Comme mon livre ne s'adresse qu'aux esprits catholiques, je n'ai pas à dire que le protestantisme rend la femme odieuse, et que la dame qui t'explique la Bible doit être fouettée comme parente ou fuie comme indifférente.

La femme n'a pas de cérébralité ; ne l'oublie pas et marque-le lui, si elle l'oublie. Tout en elle est passion, à divers degrés, même l'amitié, même l'admiration ; ses dires sont nuls, sauf esthétiquement pour le spectacle de la lèvre, de l'œil, du geste, des poses, et la jolie consonance de la voix et du ton.

L'art de la vie ne consiste pas à beaucoup vivre, mais à vivre consciemment.

Dire qu'il y a des hommes qui depuis vingt ans, font la bête à deux dos et toujours avec le même plaisir ? Ce sont évidemment des sots : il y a un certain nombre de choses qu'il faut faire ou connaître pour en débarrasser son imagination et ses moments.

Les fenêtres ouvertes d'un bal impressionnent; entre et étudie, tu seras déçu. La peau de la femme est parfois la plus belle matière de ce monde; si tu regardes de près ce vivant éblouissement, tu verras de l'acné, des zones de couleurs et d'affreux petits poils; cette chair si belle à huit pas, de très près n'est ni polie, ni unie de ton.

Que te conseille la sagesse ? de regarder toute la fantasmagorie mondaine comme la peau des blondes, d'un peu loin.

Du moins, si ta faiblesse te pousse hors de cette distance nécessaire à ton plaisir autant qu'à ta vertu, dès la griserie cessée, recule et rentre en toi-même.

Rentrer en soi-même, c'est la force de l'individu, ce repliement de l'entité; le chat assis enroulant sa queue sur ses pattes, te donne l'image d'un être vraiment solitaire, c'est-à-dire que ni l'homme, son maître, ni ses semblables, les autres animaux, ne le peuvent modifier. Dans la mesure de la charité, marche à travers la société comme un félin, ne te laisse jamais traiter en chien, n'abuse personne, ne crois en personne. Dévoue-toi, pour te dévouer parce que cela est beau, souffre et meurs pour une idée ; mais ne prends pas la patrie pour une idée, et si, lion, on veut te faire passer dans le cerceau des lois, sors ta personnalité et ébranle le pays où on ose toucher aux lions.

Contre ta solitude, deux légions se liguent, les camarades et les femmes.

Le camarade, très différent de l'ami, est celui que la similitude d'existence et non le choix fait rencontrer, c'est le quelconque qu'on connaît dès qu'on fréquente un lieu par habitude ; fuis-le, c'est l'ennemi de ton temps.

La femme, comme je te l'ai dévoilé, obéit à une faculté destructive quand on ne la maintient pas en passivité ; Wagner a incarné la féminité dans sa Koundry qui fait tour à tour le bien et le mal suivant qu'elle subit l'influence du Graal ou de Klingsor, et qui n'aime vraiment que celui qui lui résiste.

Aucune femme ne sera maîtresse de toi si tu as la force de ne jamais passer douze heures avec elle, de ne jamais t'endormir près d'elle.

Plus tu convoiteras les biens célestes de la raison, plus tu seras assailli. Résiste et sois sans colère, car c'est la mission de ce sexe de dissoudre la maleté assez faible pour lui céder. Sois donc le maître pour être l'aimé, car jamais une femme n'aime qui lui cède ; son plaisir c'est d'être courbée, tandis que son instinct la pousse à courber, souviens-t'en !

Même si tu es amoureux, ne te modifie jamais pour séduire. Plaire, c'est agir dynamiquement et non pas habilement. Tu ne seras jamais aimé pour tes mérites ; tu subjugueras dans la proportion où ton âme voudra sans désirer.

Après ces indications défensives, apprends que rien n'est plus funeste que de croire penser quand on rêve ; pendant plusieurs années, que ton esprit ait toujours une grande idée traditionnelle en permanence. Vis avec les maîtres de l'entendement, nourris-toi de chefs-d'œuvre exclusivement, et surtout ne te soucie d'être ce qu'on appelle en province au courant de la littérature : ce sera plus tard, après l'initiation, une affaire de quelque mois. Ne songe pas aux contemporains : sois d'abord l'élève du passé et le disciple du divin.

Méfie-toi des premières théories que t'inspireront tes lectures ; il y a dans la recherche de la vérité des vertiges d'autant plus dangereux qu'ils sont splendides.

Méfie-toi surtout de la lecture d'Éliphas Lévi, un mage admirable, qui te donnerait l'illusion de savoir et de comprendre, la témérité d'oser.

Illusion d'autant plus décevante que la magie, si une et ferme en ses assises devient indiciblement mul-

tiple en ses rapports et corollaires ; tu saurais par
cœur Favre d'Olivet et Eliphas, Paracelse et Lulle,
Agrippa et Khunrath, saint Thomas et Bœhms, que tu
ne serais qu'érudit.

Il faut que tu crées ta magie : non pas par l'effort
vaniteux, mais semblable à la recherche de l'originalité
d'une œuvre. Que lentement naisse en toi une vision
individuelle de la vérité, qu'un prisme se forme, qui
décomposera, suivant ta personnalité, le rayon éternel.
Ce sont les hommes de concentration qui ont étonné
le monde ; tous les théocrates ont d'abord été des
ermites au moins au figuré : la solitude seule fait la
preuve des grandeurs morales et la trempe des esprits.

Les œuvres écrites loin du public ont un caractère
plus grandiose que celles conçues et œuvrées dans le
tourbillon de la vie.

Il faut être souvent seul pour que l'idéal se manifeste à toi ; ne retiens du fatras évocatif de l'occulte,
que l'esprit de silence, lui seul t'expliquera le mystère,
lui seul te fera sentir Dieu.

L'esprit de silence mène avec lui l'esprit de paix ;
évite toute compétition ; crois, si tu ne veux que la
sagesse, tu la possèdes par la renonciation aux ho-
chets humains ; et si tu veux la gloire, suis l'exemple
de Wagner qui, au lieu d'intriguer pour être joué, for-
geait dans la solitude sa formidable tétralogie, et créait

un destin à son génie, un destin qui a fondé Bayreuth.

Pour la sagesse, renonce; pour la gloire, continue; ces deux verbes suffisent pour vaincre le temps et la colossale bêtise humaine : la sagesse est le seul égoïsme permis ; la gloire la seule réalité acceptable quand on la conquiert sur les hauteurs ; des biens inférieurs tels que la fortune sont de piètre nature et ne ressortent point de la sainte magie.

CONCORDANCE CATHOLIQUE

L'Eglise, par la voix des prédicateurs, conseille la retraite et la vie à l'écart du siècle, comme les radicaux moyens du salut. Or faire son salut ou devenir mage sont deux routes si parallèles qu'elles s'unifient en maints endroits.

Tandis que l'oraison mentale est le grand instrument de l'ascèse mystique, la méditation apparaît le grand artifice de l'ascèse occulte.

Les deux ascèses diffèrent par le plan d'évolution : la piété bonifie l'âme et la culture élève l'esprit. Ce sont les êtres où la spiritualité prédomine qui ont qualité pour guider les animiques ; mais là où mon enseignement diffère des récents écrivains de la matière et se rallie au catholicisme, c'est lorsque j'exige du récipiendaire le même entraînement au moral qu'à l'intellectuel ; persuadé que l'esprit ne prend son essor que sur un à priori de beauté d'âme parfaitement semblable aux prodromes des directoires spirituels.

III

LE RAPPORT OU DE LA DESTINÉE

Nom divin : צבאות. אלהים, Tsevahot, Elohim.
Sephire : Binah.
Série spirituelle : Trônes.
Signe : Les Gémeaux.
Arcane : Le Dénaire.

La Magie peut faire de tout être intellectuel ou même enthousiaste, un homme extraordinaire, mais seulement sur le plan vocatif de sa destinée.

Tout bois n'est pas bon à faire un Mercure, aucun individu ne vaut comme omniapte.

On appelle mauvaise fortune le plus souvent, un complexe mouvement de la vie qui s'explique dans l'individu comme dans le collectif.

L'immortel restaurateur du pythagorisme, Fabvre d'Olivet a peint en fresques d'idées d'une beauté transcendantale la loi ternaire des destinées collectives se développant à travers l'histoire universelle, avec une philosophie panoramique incomparablement plus grande que celle de Bossuet.

Les trois facteurs de l'humanité correspondent au ternaire humain et au ternaire divin ; Dieu le père nous a donné le corps, Dieu le fils l'âme et Dieu le Saint-Esprit, l'esprit. La loi du corps ou cause seconde du Père se nomme Nécessité ; la loi de l'âme ou cause seconde du fils, Destin ; la loi de l'esprit ou cause seconde du Saint-Esprit se nomme Providence.

La nécessité correspond à l'instinct, le destin au sentiment, la Providence à l'entendement.

En face de ces trois points essentiels de l'orientation, se place la volonté de l'homme qui subit la Nécessité, combat le Destin et le peut vaincre, au nom de la Providence.

La volonté, qui contient toute la liberté de l'homme, est l'instrument de son salut ou de sa perte. Tenir la barre de sa destinée ou de celle d'un continent, c'est, la barre figurant la volonté, gouverner selon le compas abstrait. Le point nord demeure toujours la Providence ; c'est le cap qu'il faut prendre sauf dans le cas tempétueux d'une nécessité à couper ou du destin à accomplir.

Si tu as compris mon indication des sept méthodes planétaires, tu juges déjà de la combinaison kaldéenne, avec le quaternaire pythagoricien.

La volonté de Samas doit adhérer à la seule Providence.

La volonté de Sin se combine avec le destin.

La volonté de Mérodack se compose de Providence et de destin.

La volonté de Nébo prend les trois orientations sans les conserver.

La volonté d'Istar subit toujours la nécessité.

La volonté de Nergal se réduit à elle, rejetant Providence et destin.

La volonté d'Adar est faite de destin et de Providence.

Vois donc, mon disciple, par ton planétarisme où tu dois mettre le cap et quel vent convient à ton tempérament. Vois-le avec soin et recherche; il y a peu de vies essentiellement malheureuses, la plupart sont seulement contradictoires aux personnalités.

Sois certain qu'il existe, parmi les travaux, un qui t'est facile; dans les voies, une où tu marcherais aisément; au nombre des œuvres humaines, une qui peut devenir tienne.

On appelle chance le phénomène du destin venant au-devant de la volonté, sans que la nécessité s'y oppose.

Mais ne crois pas que toutes tes volontés soient conçues selon ton vrai bien; tes vœux parfois blasphèment ta destinée et leur accomplissement serait ta perte.

L'initié veut toujours et à travers tout son idéal conçu, mais il doit laisser la vie lui fournir le mode de réalisation.

Le plus puissant auxiliaire te viendra de la collaboration du temps. Savoir attendre enlève plus de résultat que les assauts et les outrances. Mais attendre ne signifie pas cesser ; je suppose que tu désires la gloire et que la nécessité te confine en un coin désert de province : Attends que le destin te sorte lui-même de ton ornière, mais pour qu'il ne t'oublie pas continue à vouloir, c'est-à-dire à te perfectionner dans ton art et œuvre comme si ton nouvel effort était attendu par la renommée.

L'habileté est le moyen des médiocres. Tandis que le quelconque, c'est-à-dire tout le monde, intrigue, quémande et s'évertue, l'initié et le génie veulent sans agissements, ils accumulent de la volonté ou de l'œuvre, certains qu'un jour indéterminable mais fatal, ils seront exaucés et vainqueurs.

Cette voie, la seule noble où l'homme supérieur ne cherche d'autre force que l'accroissement de la sienne propre, cette voie des Wagner, des Balzac mène à la toute-puissance posthume.

Mais tu voudrais jouir immédiatement, deviens une fille alors, laisse la magie et va te prostituer dans tous les mauvais lieux de la Presse.

Il y a toujours un parti à tirer de la pire circonstance, et l'art de la vie utilise la nécessité bien plus qu'il ne prétend à la culbuter. L'initié guette la vie; elle est si diverse que, pourvu qu'il soit attentif, elle lui présentera toujours un vent favorable.

Il est aussi difficile que nécessaire d'arrêter son effort quand la circonstance tourne et ne favorise plus; et j'insiste sur ce point capital : l'initié, immuable dans son dessein, ne préjuge jamais du moyen et du moment. Après vouloir s'impose le savoir vouloir; sinon, cela se dénomme entêtement. En exagérant la théorie de la volonté, on risque de violer la Providence et de méconnaître le Destin.

Absolu en soi, le vouloir doit rester relatif au triple rapport nécessaire, fatal et providentiel.

L'initié s'interrogera donc avant de formuler son verbe. Devant toute chose, dresse ce questionnaire.

Relativement à la Norme divine ou Providence, ai-je ce droit ?

Relativement à la Norme humaine ou Destin, ai-je ce devoir ?

Relativement à la Norme sérielle ou Nécessité, ai-je ce pouvoir ?

Il faut une permission, une équité et une possibilité au début du vouloir.

Sans cesse, au cours du vouloir, il te faudra rectifier

ta volonté selon le triple compas des trois causes secondes.

Ta destinée ne l'oppose pas aveuglément à une autre destinée; d'abord étudie selon mes trois questions l'horoscope du rival ou compétiteur; et exagère en toi le principe dont il manque le plus; cela suffit à te donner la victoire.

Rarement, une destinée évolue d'elle-même; autrui la modifie toujours. Ne laisse donc pas le hasard présider à tes relations et comme règle préfère à tout l'intelligence et la bonté : après elles, préfère la beauté à la naissance.

Quant aux riches, cette caste mouvante où tous les crétinismes pullulent, marque-leur un perpétuel dédain, de noble né à bourgeois, mais daigne parfois les voir, parce que le spectacle du luxe est infiniment utile pour l'embellissement de l'esprit et la subtilisation de la sensibilité.

Je te mets au défi, après avoir étudié n'importe quel individu, de souhaiter l'échange de la personnalité. Certes, tu envieras d'être czar, mais non pas d'être ce criminel qui a l'impudeur, porte-sabre, de porter mitre et qui usurpe sur le Pape. Tu désireras la force de l'un, la santé de l'autre; mais non pas être l'un ou l'autre.

La réflexion t'apprendra que chacun, pressé par les mêmes lois, diffère en tant que mode de souffrance et d'ennui, et non quantitativement; les mieux partagés sont ceux qui ne souffrent que dans le sens de leur nature.

Au simple point de vue physique, suppose Lucullus dyspeptique et vois combien cela réduit son heur.

Être prêt dans la vie, c'est la moitié de la chance, et la première condition, s'appelle la santé. Le corps, le plus inférieur, le seul entièrement périssable de nos trois éléments, a ce monde pour royaume, et l'âme comme l'esprit dépendent non pas de son instinct, mais de son état.

Le corps obéit à l'esprit tant qu'il est sain, la maladie le rend inapte à sentir la bride ou l'éperon ; c'est un cheval mort ou qui s'est abattu.

Entretiens donc l'armature physique en parfait état, mais ne développe pas inutilement ton système musculaire; tu n'es pas de ces races qui peuvent produire un Léonard tordant un barreau de fer et peignant le *Cenacolo* : que la prédominance nerveuse soit consciente.

La force physique, qu'il ne faut pas confondre avec la santé, ne sert plus même pour la défense. Le corps doit ne pas gêner, ne pas se sentir ; un neutre docile et décoratif.

Ce qui perd le plus de destins, après la femme, c'est l'habitude ; et on doit considérer l'accoutumance comme un danger, sauf l'accoutumance esthétique qui,

au contraire, crée entre la vulgarité et nous une barrière de noblesse.

Pour réussir immédiatement, il faut malfaire, et
malfaire compromet l'avenir, plus encore le devenir.
Serait-on thaumaturge, presser trop les circonstances
les corrompt ; puis, l'impatience de la réalisation en soi
dénonce un dessein médiocre, et lors, ne ressortant
plus de la magie.

L'argent économise les forces et le temps, ne le dédaigne pas ; mais tu ne dois rien faire pour l'acquérir.
Il doit te venir et il te viendra du jour où tu auras ton
destin, c'est-à-dire un verbe fait de ton âme et de ta
pensée. Il te viendra d'une façon stricte et morcelée
qui te laissera toujours un prochain souci ; mais souviens-toi d'être le Jacques II de la fortune, ne travaille
jamais pour elle.

Pour vivre, fais ce qu'il faudra ; tu n'as pas le droit
de faire œuvre servile pour jouir. Les médiocres seuls
font fortune et les malhonnêtes ; excepté ce qui vient
par héritage, tout est volé, tout est sale, quoique d'un
vol et d'un sale convenus et acceptés socialement.

C'est pourquoi, sauf le cas où tu as une reconnais-
sance personnelle, tu dois traiter avec hauteur les
riches qui sont à peu près tous de complets idiots. Réserve ta courtoisie pour la valeur morale ou spirituelle,
et ne laisse jamais devant toi insulter le génie qui est

le vrai droit divin et le miracle éblouissant entre tous.

La malechance vient de la disparité d'un tempérament et des circonstances : il est souvent plus court de se modifier soi-même que sa situation.

Si tu as profité de mes indications sur l'influence astrale, tu sais qu'on peut assez aisément attirer le regard d'une planète, c'est-à-dire modifier son ascendance.

Samas, Sin, Adar sont les influences géniales.

Nebo, Nergal, Istar, les influences conquérantes.

Mérodack est l'astre du commandement, de la suprématie, de la papauté et de l'empire.

Pour supporter la pauvreté, emprunte de l'insouciance à la lune, ou de l'abnégation à Saturne.

Aux chagrins d'amour, réfugie-toi en Samas, qui donne sans attendre de réciproque. Mets toutes les transitions sous la rubriquc de Nebo. Nergal, lui, sera invoqué dans les audaces, et Istar pour l'adoucissement de ta nature.

Ton astralité, toujours composée de deux ou trois planètes, tu peux la corriger en développant l'influx le plus propre à t'affermir en telle passe de la vie.

Par la contemplation des chefs-d'œuvre, la couleur jaune, l'atmosphère imprégnée d'encens et le pardon des traîtrises, tu conjureras Samas.

Par la poésie, la vue de la mer, la vie nocturne et le voyage, tu conjureras Sin.

Par l'assistance aux offices, la déclamation, le port intérieur de la robe ample et rouge, l'habitude du geste noble et l'absence d'appréhension et de crainte, tu conjureras Merodack.

Par le soin du corps, l'effémination, les parfums, les coussins et les sièges bas, la paresse physique et la rêverie panthéistique, tu conjureras Istar.

Par le changement de mode, de lieu, de nom, d'accent, la couleur grise et la fréquentation des habiles au lieu de celle des volontés, tu conjureras Nebo.

Par la couleur rouge, un fer toujours devant toi et avec toi, la réplique sèche, le mouvement saccadé, l'humeur insupportable et militaire, tu conjureras Nergal.

Par la couleur noire, la méditation et la solitude, l'entêtement et le fanatisme, tu conjureras Adar.

Pour changer en bénéfique le maléfique du septénaire, retiens que le clavier moral du ciel s'harmonise ainsi :

Samas, séité de lumière.

Sin, séité de pénombre.

Mérodack, séité de droit divin.

Istar, séité de volupté.

Nebo, séité de protéisme,

Nergal, séité d'agression.

Adar, séité de concentration.

Samas réalise, Sin devine, Merodack domine, Istar séduit, Nebo ruse, Nergal attaque et Adar pense.

Soient encore sept tons de la personnalité : l'artiste, le poète, l'homme d'État. le voluptueux, le pratique, l'homicide et le penseur. .

CONCORDANCE CATHOLIQUE

ARCANE DU DÉNAIRE

On appelle en mysticisme, conformité à la volonté de Dieu, une adhésion d'à priori à tout événement : pieusement, c'est-à-dire selon cet idéal passif qui considère seulement la vie comme une chose à subir, la bonne ou la mauvaise fortune ne signifie rien. Préparation à l'éternité, l'existence terrestre ne vaut que par la souffrance consentie.

Le mage, lui, blasphémerait en jugeant l'événement une volonté de Dieu, c'est-à-dire de la Providence ; il adhère à un idéal réalisable dès ce monde et cet idéal essentiellement actif lui montre l'existence comme une mer qu'il faut parcourir dans un sens déterminé pour y faire de la justice et de la lumière et remplir un rôle d'ange très militant ; il coupe de sa claire volonté la lame de vie, tandis que la piété, après avoir mis son cap sur le paradis, ne manœuvre plus et joint les mains.

IV

LA MATÉRIALITÉ OU DE L'EFFORT

Nom divin : אגלא (*Agla*).
Sephire : Chesed.
Série : Domination.
Signe : L'Ecrevisse.
Arcane : L'Unodénaire.

Tu es toi-même la matière de ton grand œuvre. Deviens l'empereur intellectuel obéi par ton âme et ton corps, alors tu seras un mage : mais ne crois ni commode ni simple la voie qui mène à un tel sommet : Utiliser la douleur comme la science d'aujourd'hui utilise la force, voilà ce que je puis t'enseigner. Dès qu'il souffre le commun peste, le dévot se soumet, l'initié voit un avancement de perfection à chaque douleur.

Et d'abord il y a le souffrir physique, le plus fâcheux, car il ne sert point à la culture ; le souffrir sentimental, très fécond parce qu'il assainit l'âme même lorsqu'il ne la corrige pas des vains désirs ; enfin le souffrir spirituel, le seul que tu ne puisses éteindre sans te diminuer et qui porte non pas sur ta propre personne, mais sur le sort terrestre des idées et les attentats contre l'idéal.

On obtient d'un exercice tout ce qu'on s'en promet, si le vouloir est plein et constant : cela t'explique que les cilices et autres vilaines momeries portent de beaux fruits. Mais de pareilles barbaries ne conviennent qu'aux femmes mystiques ; la femme est un être si matériel, qu'elle a besoin de mêler son corps à tout, salut ou perdition. Pour toi, tu te garderas seulement de ce qui éperonne la chair, de l'excitant, boisson ou manger trop spécieux ; ne mortifie jamais ta chair, et sois dur pour ton âme.

Des sentiments, les uns naissent de nous-mêmes, ils s'appellent ennui, désespoir, esseulement, impuissance ; on les combat par l'art, la piété et le travail spirituel. Les autres nous viennent du prochain et surtout de nos recherches complémentaires.

N'oublie jamais que la femme, cette inconsciente, accomplit une mission singulière de bourrele attrayante et que l'amour n'est rien que la forme la plus douce de la douleur.

Initié, toi qui peux souffrir de l'esprit, tu n'as nul besoin de t'abandonner à l'inquisition sexuelle, si nécessaire à tous les êtres matériels, ouvriers ou banquiers. La femme est tout l'art, toute la poésie et tout le rêve de la masse ; exceptionnel mets l'art, la poésie et le rêve hors de la femme et réduis l'amour à tes yeux et si tu le peux, à tes lèvres au moins, à des intermittences au pire.

Cette même douleur, qui dans Balzac est le seul émoi de Nucingen et son meilleur sentiment, devient en d'Arthez une déviation infériorisante.

Fais grande attention à cette ressemblance qui pèse et sur le gars et sur l'intellectuel dès qu'ils aiment et ne deviens pas le poids imbécile que la femme jette dans un plateau vide, afin de se hausser.

Pour elle, l'amour est toute chose ; pour toi il n'en doit être qu'une, d'abord tâtonnante et curieuse inévitablement, analyste ensuite, apaisante après. N'accepte pas, de la femme, du vertige et du trouble ; qu'elle soit la détente de tes nerfs, la récréation de tes yeux, l'apaisement de ton âme.

Somme-la de te donner de la tendresse calme et fuis, si elle refuse. Ne subis jamais la jalousie, ni le caprice ; tu t'amoindrirais indiciblement. Réduis, réduis la femme à l'amie, réduis l'amour à une formule conjugale momentanée.

Je jure que tu t'étonnes : ta lecture des poètes revient à ta mémoire et proteste.

Enfant, la femme n'a d'autre personnalité que celle

de son amour ; sans orientation, son cœur bat tantôt de bien, tantôt de mal, à toi de la faire sereine ou la faire folle.

Or ce n'est pas, certes, la mépriser que de la conduire aux sereines tendresses, cela réduit son prestige pour le théâtre et le roman. Apprends de moi que l'art n'a point de rapport avec la stricte réalité et que l'Œdipe de Sophocle n'exista jamais si pur et si malheureux à la fois.

L'homme doit souffrir pour se parfaire; l'homme ordinaire souffre par l'amour sexuel; toi, homme extraordinaire, souffre autrement.

Souffre par la renonciation aux contestables mais prestigieuses joies de la passion; interdis à tes sens l'impériosité, à ton cœur le vertige.

Sois calme aux matières de fougue et maître de toi en ce qu'on appelle l'ivresse. Pour cela, il faut que tu t'imposes des lois qui gênent les instincts et endiguent le penchant sexuel.

Je devine ta réflexion : Tu juges plus simple et logique de suivre le précepte de l'Église qui est de fuir ou de sacramentaliser.

C'est trop simple. Fuir la femme et l'amour c'est risquer la sécheresse et te fermer un monde d'impressions fécondes ; puis une part de la mauvaiseté féminine reste dans le sacrement.

Non, la fuite ne sera jamais un nom de la victoire; la question n'est pas d'une fornication de plus ou de moins, mais de l'équilibre à acquérir et à conserver sur le plan sexuel.

Comme l'orgueil est la vertu suprème, le dynamisme de toute perfection, c'est en lui que tout doit s'opérer.

Commence par t'avouer tes imperfections; qu'elles servent d'échelles de proportions à te marquer l'altitude du saint idéal et souffre de ton intimité.

L'église enseigne que le consentement à la vie douloureuse élève et purifie et que la contrition parfaite est celle qui se douloit d'avoir offensé Dieu; non pas d'encourir des pénalités. Cette contrition parfaite que l'Église n'exige pas, la magie l'impose.

Celui qui s'abstient de méfaire par crainte de récolter plus de maux que de joie est un misérable chrétien du strict salut. Il faut que l'adepte se navre d'avoir dévié de la beauté et du juste, et que ce soit son orgueil qui pleure.

Je ne conçois rien de si grand ni de si petit que l'homme; et ses raisons de s'infatuer sont égales aux motifs de se mépriser.

L'homme qui fait la *Divine Comédie*, le *Cenacolo*, la *Neuvième symphonie* ou *Parsifal* est presque un Dieu, et M. Carnot, pour citer un nom connu, est presque une bête.

Je ne sais si les archanges n'envient pas Dante, Léonard, Beethoven et Wagner, et je crois fort que le tigre et même le moindre des pards, le chat mépriserait profondément le président de la République, si l'instinct de félinité pouvait se ravaler jusqu'à concevoir cette abjection.

Par tout ce que tu as de commun avec le Carnot tu tiens à plus bas que la bête ; par tout ce qui te rattache à Dante, à Léonard et à Wagner, tu tiens presque à Dieu même.

La divinité de mon Seigneur Jésus apparaît entière d'être mort volontairement pour effacer les péchés du monde.

Or ce mot « Imitation de Jésus-Christ », contient l'au-delà de toute magie; l'aboutissement de la suprême culture s'appellera toujours charité.

Les devoirs s'augmentent en raison de notre élévation et cela s'étend au moral comme au social.

Le premier devoir de l'initié est de rechercher la beauté; ensuite de percevoir la bonté; du beau et du bon naît l'idée.

Défendre les idées, voilà la chevalerie de tous les temps; défendre la théocratie contre toute forme sociale, la hiérarchie contre toute loi, l'esthétique contre toutes mœurs.

En paroles ou en écrits, sois un croisé perpétuel

contre la triple mécréantise, nationalité, égalité, bourgeoisie.

Il y a des souffrances patriciennes infiniment plus nobles que d'autres, celles dont le motif est abstrait.

Celui qui sans tendance à l'hérésie souffre de l'actuelle politique du Saint-Siège ; celui qui, dédaigneux d'un peu de pouvoir, s'indigne de l'infamie qui triomphe en France de toute tradition ; celui qui enrage de voir César Franck méconnu, et un peintre de deux sous, un Neuville avoir sa statue, celui-là souffre noblement.

Car, comprends-le, mon disciple, je ne t'ai pas poussé à t'individualiser pour que tu te complaises en toi-même, mais afin que, délivré du collectif, tu donnes tout ton héroïsme aux idées.

Souffrir pour l'idée, voici l'apogée de la dignité humaine, mais prends garde de ne pas te servir d'une idée, au lieu de la servir, ce serait un très grand crime.

Tu dois au début de toute noble hardiesse supputer la douleur que la nécessité exigera de toi et décider si ton entreprise vaut ce prix.

Un secret que je te divulgue : afin de te fortifier, à ta veille de perfection, un secret que la religion manifeste et ne formule pas.

C'est la métamorphose de la douleur par l'exaltation.

L'enthousiaste change la peine en plaisir par la force

de son élan d'âme; et les martyrs n'ont souffert que si leur foi a faibli. Pour l'accoutumance, la vie contemporaine en montre des exemples permanents. N'y a-t-il pas des soldats, c'est-à-dire des forçats qui rengagent; le pêcheur de Terre-Neuve ne refuse-t-il pas le sort presque paradisiaque en comparaison du sien, de l'ouvrier des villes, pour continuer à gagner mille francs par an au prix de plusieurs mois si horribles qu'ils ne dépareraient pas une peinture de l'enfer.

Le même blasement qui régit la volupté s'étend sur la douleur : et l'erreur est manifeste, de plaindre plus le débardeur d'un port que l'homme qui écrit quarante pages en sa journée.

L'initié ne provoque pas la souffrance comme le mystique, parce qu'il la veut choisir : et j'estime que le choix, s'il n'existe pas dans le moment, se peut faire pour des périodes.

L'orgueil préserve de la vanité et l'initié dédaigne tellement l'opinion que le mépris public lui est une chose nulle; il lui devient précieux s'il passe la mesure.

Il ne faut pas plus entretenir sa bonne que sa mauvaise réputation : pas davantage contrecarrer son milieu que lui obéir.

Ce qui est l'opinion pour toi s'appelle le Testament de tous les sages. Demande-toi ce qu'en penserait Confucius ou Pythagore, mais regarde les autorités de ton pays, de ta ville et de ta caste comme de grotesques caricatures cachant de vilaines âmes.

Un seul point où ta vie ne doit pas scandaliser, c'est celui du catholicisme ; sois officiellement un fidèle, et considère toujours que tu ne seras un bon fils de l'Eglise que dans la mesure où tu passeras pour un exécrable citoyen.

Doux et bon en toi-même, sois un tigre prudent pour sauver ta personnalité.

Ne te laisse ni dompter ni encager. Défends-toi contre la société et rends-lui trouble pour oppression.

Tu entends de reste que sous Louis XIV je ne t'aurais pas dit ces choses, et que je te fais renier la cité parce que la cité a renié Dieu.

Ainsi qu'il est des péchés pour lesquels on ne doit point prier, il est des prévaricateurs pour qui la charité cesse ; et ton pays est de ceux-là.

Ces sentiments te ferment toutes voies ordinaires de chance et de succès.

Tu es comme ce personnage d'une légende qui savait tous les métiers, mais qui, tombé sur une terre où régnait le diable, ne voulut le servir en rien et préféra se nourrir de racines.

Au reste, comme catholique (je n'admets pas que tu ne le sois pas) tu es destiné à l'injustice de tous les tribunaux, à tous les vols de la loi, au complet bon plaisir des sans-culottes bourgeois.

Souffre cela, car tu souffres pour la justice. Souffre cela car tu continues Jésus-Christ. Souffre cela car Dieu te voit, t'applaudit, et demain te couronnera des palmes de la personnalité éternelle.

CONCORDANCE CATHOLIQUE

L'Église sur le souffrir donne les mêmes ordres que l'initiation, sauf la hiérarchie des souffrances; et ici apparaît comme la magie peut ajouter non pas à la religion qui est la communauté des idées, mais à l'individu qui est l'exception de l'idéologie. Honorant saint Labre beaucoup plus que Fra Angelico et telle sainte plus intime que rayonnante, au lieu de Jeanne d'Arc, l'Église a blessé les plus justes susceptibilités de l'intelligencehumaine et forcé la pensée laïque à dresser des autels à ceux par Rome méconnut et aussi à faire, à côté du travail exotérique sur les masses, un autre sur le petit nombre, afin que les idées fussent incarnées, révélées et toujours présentes en des formes sempiternellement neuves et belles.

Le mage ne se propose le salut personnel que comme première moitié de la perfection et préparatoire de la vraie période hermétique, qui est celle de l'expansion de lumière.

V

LA FORMALITÉ OU DU SACRIFICE

Nom divin : מקום : Makom.
Séphire : Gevoura.
Série spirituelle : Puissances.
Signe : Le Lion.
Arcane : Le Duodénaire.

Tout se mérite, se paye et se conquiert au prix perpétuel d'une renonciation analogue à son but. Veux-tu
fournir une grande carrière de volonté, jette du lest,
c'est-à-dire abandonne des satisfactions possibles.

Pythagore, admettant des existences antérieures à
celle terrestre, expliquait la souffrance fatale par les
démérites qui soldaient les antécédences. Je m'élève de
toute ma force contre cette théorie malgré mon admiration presque sans borne pour la doctrine de ce philo-
sophe : je crois que cette vie est la première vie de
notre âme et de notre esprit.

Le problème de l'originel péché ne vaut pas l'em-
barras qu'il a causé aux théologiens ; Adamah eut un

vertige de vie, une griserie d'être, une soûlerie de personnalité, il s'enivra de son entité comme Noah de vin, et cette ébriété fut la première dissonance qui désaccorda toute l'harmonie primitive.

Cela fut, par la double raison que le libre arbitre ne pouvait commencer que par un abus, la vie que par un excès. Le péché originel doit s'entendre l'imperfection originelle, c'est-à-dire qu'Adamah, au lieu d'être un pécheur, est un imparfait. Étant donné la nouveauté, la soudaineté de l'existence consciente, aucun être ne pouvait s'éveiller à la vie en état équilibré. Le créateur avait donc prévu la dislocation partielle de son œuvre, comme un parfait architecte se rend compte du fléchissement de son église, selon la portée des arcs et du bas côté.

La faute d'Adam était fatale et hors de lui ; la divine logique le créait parfait, mais non pas confirmé en perfection. Au reste, c'est grand tort de vouloir critiquer la création de l'homme, avec les prodromes de la création angélique. Dans la prévoyance de Dieu, l'homme perdait immédiatement l'équilibre de son bonheur et cela pour sa plus grande gloire à venir.

Retiens donc, mon disciple, que le premier homme est un imparfait et non pas un coupable, dans le sens ordinaire du mot. Vois dans l'ivresse de Noah l'image de l'ivresse d'Adam.

J'ai donné ailleurs une théorie de l'aristocratie humaine que je ne répéterai pas ici où elle aurait cependant sa place (1). Elle est dangereuse sans beaucoup de commentaires. Il suffit que tu saches que tu es inéquilibré d'origine et que l'équilibre n'est pas une négative pondérée, mais la stase de l'esprit commandant à l'âme et au corps.

Or, la succession phénoménale a été d'abord une exubérance de vie physique puis un développement de la sensibilité, enfin la faculté conceptive ou abstractive vint. Puisque tu es un Adamah, il te faut d'abord lutter contre l'instinct qui est le plus immédiat péril ; contre le sentiment qui vient après; Kaïn et Abel figurent un double sentiment, également excessif. Kaïn représente l'actif impérieux et révolté, la brutalité mâle, l'impatiente et farouche rivalité ; Abel le passif tendre et résigné, la douceur sans force, le féminisme sans ressort.

L'esprit seul peut donner à Kaïn la notion du généreux et de la mansuétude et à Abel, la résistance d'habileté ou d'inertie qui se défend et se conserve.

Soit Kaïn, soit Abel, obéissants à l'esprit, ont à sacrifier leurs plus impérieuses tendances ; l'un cherchera à s'adoucir et l'autre à s'affermir.

______

(1) *Istar*, cinquième roman de l'éthopée *la Décadence latine*.

Ainsi, que tu te classes parmi les forts ou les faibles, les actifs ou les passifs, il faut, mon disciple, suivre d'un ardent désir la faculté contraire à la tienne et qui te complétera.

Es-tu Kaïn? cultive l'esprit de justice et de paix, éclaire de bonté ta puissance, sois doux et tu seras complet.

Es-tu Abel ? cultive l'esprit de défense et de fermeté, solidifie de courage ton aménité, sois vaillant et tu seras aussi complet.

Mais si Kaïn tu reste Kaïn, Abel que tu demeures Abel, tu gémiras sous le dam de l'originel péché.

La Rédemption l'a effacé, dit l'Église, non pas sur tous, car tous les hommes ne sont pas solidaires des bourreaux de Jésus; il y a des êtres que j'ai nommé ailleurs *œlohites*, qui bénéficient certes du sacrifice sublime qui se consomma sur le Calvaire, mais qui ne sont pas coupables de la mort du Sauveur. Les assassins de Jésus s'appellent du nom de tous les imbéciles néfastes, de Luther à Carnot; ce sont tous les prostitués de l'intelligence qui vivent de mentir, ce sont tous les sectaires qui s'élèvent par le désordre.

Si je t'ai donné le précepte de te libérer de tout devoir social, c'est afin que tu appartiennes tout entier aux idées saintes et non certes pour te convier à cette billevesée qu'on nomme humainement le bonheur.

Le bonheur, c'est de concevoir Dieu et de se hausser

vers lui ; le reste est vain. Or, cette conception exige que tu sacrifies les biens sociaux et ce haussement des forces individuelles pour te consacrer à une sorte de sacerdoce secret mais impérieux.

Serais-tu au plus haut de la perfection, tu auras encore une réalisation à chercher ; et tu devines déjà ce qui se peut placer au-dessus du parfait, c'est le don de soi, conscient, complet et calme.

Pour qu'il soit conscient, il faut que les circonstances convient ; complet, que tu engages ton éternité sur une parole ; calme, que tu n'envisages que la seule beauté de ton sacrifice.

Si, dans un traité animique je t'énonce ce suprême effort de toute religion et de toute gnose, cet acte de divinité que le ciel même est venu nous enseigner : c'est que le sacrifice du moi sentimental accomplit l'amour, devient la charité, et la charité n'est plus de l'âme, mais le point précis où l'idée se fait cœur, ou le cœur devient cerveau : Cet idéal fut apporté par Notre Seigneur Jésus-Christ, il l'infusa en nos âmes ; ses précurseurs ne furent jamais qu'une moitié de Christ, les uns comme Oannes, Orphée, Prométhée, furent des flambeaux spirituels, d'autres comme Cakya Mouni, une charité sans métaphysique.

Le mystique sacrifie l'intellectuel au moral. On voit l'Église se désintéresser de la beauté, consacrer des églises affreuses et les salir de mille objets dits de bondieuserie.

Également la routine catholique se désintéresse de l'art, comme si c'était le rite du diable, et avec beaucoup de vertus, la chrétienté devient une arriérée en face de la civilisation ; oublieuse de ses sublimes traditions qui unissaient la forme à la pensée, paraphrasant le dogme par la fresque.

La magie ne sacrifie pas même le corps ; elle oblige son disciple à se rendre aussi décoratif que possible, elle ne méprise pas la forme que revêtit Jésus, la forme de Marie et de tant de saints et de génies.

Elle sait trop combien une grande allure, le geste noble et l'éloquence servent à imposer le règne de Dieu.

Elle ne sacrifie rien de l'âme non plus, mais elle la déprend du contingent et du temporaire et tourne à l'abstraction la tendance sentimentale.

Croire que l'on peut être mondain et mage, bohème et initié, paresseux et adepte, gnosticien et vulgaire ; aberrations !

La prise d'occulte est une prise de froc, large sans doute et plus court, plus facile aux mouvements de la vie, un peu indéterminée en ses moyens ; on ne s'appuie ni sur un directeur, ni sur un confesseur, seulement sur le verbe théosophique de tradition, et pour tout dire il faut inventer son salut et créer son rituel.

Certes, des risques sont à courir, graves, nombreux, renaissants ; la voie occulte, toujours téméraire, menace autant qu'elle invite ; mais la témérité genère seule les hauts faits. Je te parle de devenir un héros, si tu ne te sens que soldat, que fidèle, retourne à ton curé ; sa parole est pleine de sécurité.

Appliquée à la longueur ou au bonheur commode de la vie, la question du destin d'Achille se pose ici. Nul n'est forcé au martyre, ni à l'aventure ; interroge-toi avant de poser le pied sur l'*Argo* ; es-tu ce naute qui veut aborder en Colchide ? si tu hésites, reste. A ce bord il n'y a place que pour l'enthousiasme et l'audace ; on y chante pendant l'orage ; on sait que mourir en cette route, c'est déjà ne plus mourir.

Ne te figure pas que la magie va être un atout au jeu de la vie et que tu vas faire des causes secondes les génies assistants de tes passions.

Loin de là, il te faut sacrifier sur l'autel du mystère, non pas ton cœur, mais la plupart de ce que tu crois encore les joies du cœur ; tout ce lest de routine et de mœurs niaises qui font le bagage de l'honnête bourgeois, tout cela, tu vas le jeter.

La morale de ton pays et de ton siècle ne te peut plus servir ; tu n'entreras dans le temple qu'avec ton idéal, ta bannière et ta volonté pour épée.

Es-tu templier ? Veux-tu délivrer le Saint-Sépulcre et pourfendre l'infidèle ? Car la médiocrité n'a point de part en ce royaume et tu ne peux y trouver des accommodations entre le ciel et le siècle.

L'antiquité hérissait d'épreuves physiques et morales, la réception aux mystères bien moins pour éloigner les traîtres que pour sauver les téméraires.

La magie comme la prêtrise laisse un caractère indélébile ; celui qui a reçu même le simple ordre mineur conserve une marque visible de son sacerdoce partiel et momentané ; ainsi un dilettante qui s'avance vers le sphinx, gardera l'incohérence de son imparfaite initiation.

Je ne saurais donc trop sacrifier et la méthode et la stylité de mon livre au ressassement des dangers que tu cours, si tu penses tremper seulement les lèvres à la coupe du mystère ; si tu n'es pas vivifié, tu risques d'être empoisonné.

Ne prends pas la magie pour une étude à l'instar de la numismatique ou du blason ; ton esprit n'y pénétrera que si ton âme fait vœu magique. Un vœu change une vie.

Aimer ton art plus que toi-même, et les chefs-d'œuvre comme ton art, voilà le précepte esthétique.

Aimer la vérité par-dessus tout et la manifester quoi qu'il en coûte, voilà le précepte de l'écrivain.

Se préparer à une mission indéterminée et qui tardera beaucoup, ou ne viendra peut-être jamais ; tel est le verbe du mage.

Former et tremper sa personnalité, ce n'est là qu'une moitié de l'initiation ; l'autre consiste en un mariage mystique avec les idées qui au cours de tes travaux t'apparurent les plus belles.

La chevalerie, venue d'Orient, se sexualisa sous la grossièreté des Francs; il faut lire Boëce et aller jusqu'au *Convito* pour voir que la dame de la galanterie primitive et des fidèles d'amour florentins était l'idée abstraite.

Qui se fiance à l'abstrait, doit comme le chevalier Lohengrin sacrifier incessamment son heur à son vœu ; subordonner toute chose au divin, et porter constamment les couleurs de sa dame éternelle, choisie parmi : Justice, Beauté, Vérité, Subtilité.

Vainement le moderne essayera de concilier ses intérêts et l'idéal impérieux ; on ne dupe pas le ciel, la ruse n'a point d'effet en ces régions sereines ; le Templier ne saurait quitter et mettre son blanc manteau ; qui ne renonce pas aux vertiges d'instinct et d'âme ne sera jamais casqué par le mystère : l'adhésion de la volonté au divin, si elle n'est pas absolue, devient un blasphème, et le blasphème, le plus mortel poison de l'esprit, crée une infranchissable barrière entre l'homme et l'éternité.

CONCORDANCE CATHOLIQUE

Ce que tous auraient fait, tous l'ont fait en puissance ; le premier homme a vacillé comme tout homme vacillerait : l'imperfection sérielle demeure inhérente à chaque individu.

Quant à la dure nécessité qui nous presse à chaque instant, elle n'est pas le châtiment de notre inconscience native, seulement la conséquence de cette imperfection.

Elle remplit la condition exigée par la justice pour entrer dans l'éternité.

L'Ange ne dépassa jamais le rang où Dieu le créa, et sa place demeure la même, éternelle ; l'homme au contraire, dans l'autre vie comme en celle-ci, continuera à mériter et à monter vers l'intangible et invisible cause, et sans l'atteindre jamais s'en rapprochera sans cesse par les conséquences de son origine imparfaite qui le force à se perfectionner, et par les mérites et l'exemple de Jésus qui est venu enseigner aux cœurs mortels l'amour même qui illumine les neuf chœurs.

VI

LA MORT ET LES RENAISSANCES

Nom divin : אדני, Adonaï.

Séphire : Chesed.

Série spirituelle : Dominations.

Signe : L'Écrevisse.

Arcane : Duodénaire.

De toutes les ombres qui nous pressent, celle du trépas apparaît par sa permanence et sa fatalité le meilleur argument contre la scepticité. Les fondateurs de religions, unanimes en ce sentiment, rejetèrent dans l'au-delà de la mort toutes les solutions difficiles du problème de justice, et sur ce point l'humanité n'a jamais différé.

La vie future, éternelle, doit être pour chacun l'équitable récompense ou le rigoureux châtiment ; mais sur ce point chaque Démiurge a évoqué un tableau particulier de la joie et des peines entièrement inspiré d'anthropomorphisme local et ethnique.

Le Walhal est un Paraclet pour les brutes et le Para-

dis de Mahom, un extraordinaire lupanar. Le ciel boud-
dhique évoque une immobile rêverie sans objet, et la
version chrétienne pleine de sociabilité, de musique et
de rondes joyeuses, quoique tout à fait policée, reste un
peu au-dessous du thème incomparable.

Je donnerai un jour, dans une œuvre théologique,
le processus du devenir mortel; ici, je dois me restreindre aux enseignements pratiques.

Il y a trois morts.

La mort artificielle volontaire, que suscite en lui
l'initié et le mystique ; elle consiste à tuer l'instinct et à
spiritualiser l'âme. On l'a appelée, en occulte, la création de l'homme par lui-même : les anciens, même âgés,
disaient avoir sept ans, onze ans, parce que c'était
le temps écoulé depuis leur réception aux mystères,

La mort physique, la seule bien connue, prévue et
parfois préparée.

Enfin, la mort animique, qui finit le purgatoire
comme la mort physique termine la vie terrestre.

Je me souviens toujours que le catholicisme en
toute chose a prononcé la parole la plus généralement
vraie, et je ne l'accuse pas plus ici que nulle part. Toutefois, cette incomparable et maintenant seule vraie
religion, ne peut, comme ses aînées, obtenir de la masse
que des vertus négatives.

La stricte observance des règles de l'Église sauve

sans nul doute de tout souci et assure le repos éternel ; non pas la gloire.

Il y aura des castes dans l'éternité, une rigoureuse hiérarchie, et les bourgeois qui seront saufs ne se mêleront pas aux chœurs des génies et des poètes. Jehanne d'Arc sera à d'invisibles hauteurs au-dessus du commun des dévotes, et cet admirable Fra Angelico auquel l'Église a préféré un saint Labre, sera plus près de la Vierge Marie qu'aucune bonne femme, si bonne femme soit elle.

Du reste, sans laisser voir ma pensée, je ne considère ni Jehanne d'Arc, ni Fra Angelico comme des hommes, non plus que Léonard ou Wagner. Ceux qui réalisent des pans de ciel en ce monde, viennent du ciel ; la terre ne produit pas ces êtres qui œuvrent comme Dieu.

Je ne pense pas que la théologie ait précisé, comme elle a fait pour l'enfer, la définition du purgatoire, en ce sens que celui qui y pâtit, ne peut plus mériter et expie seulement.

En tous cas, il est aussi politique que sincère d'enseigner que le jugement particulier borne notre devenir.

Fais grande attention, mon disciple, qu'au sortir de la vie tu seras bien moins jugé sur tes fautes que sur l'âme et l'esprit de ta vie ; évidemment, si tu as beaucoup failli avec un beau verbe, tu as beaucoup plus à expier que si ton verbe étant moindre, tu avais peu prévariqué. Mais ce dernier point de vue, tout à fait misérable, ne conquiert que le commun.

Pour l'initié, le principal n'est pas le risque de souffrir, mais la limitation de la montée éternelle.

Raphaël a forniqué, Raphaël a peint des païenneries ; suppose que par crainte de pécher ce sublime maître ait renoncé à l'étude des formes, il aurait pu ainsi avoir moins de purgatoire, mais aussi son éternité de splendide devenait simplement calme.

Les directions spirituelles ont fait la part trop belle aux béguines, et je ne doute pas que la dernière des diseuses de chapelet, en passant devant la chapelle des Saints-Anges, ne se croie mieux vue de Dieu que Delacroix.

Interroge une vraie dévote, et dis-lui que Wagner et Balzac, qui ont fait du théâtre et du roman, auront des palmes bien autres que les siennes, tu l'indigneras.

Tombé au-dessous de la culture contemporaine, sans esthétique, le clergé conspire perpétuellement contre le poète et l'artiste, et ameute la dévotion entière contre l'art et ses prêtres. Voilà qui ne se peut subir : même dans l'enseignement religieux, nous voulons que les génies soient mêlés aux saints, au nom même de la troisième personne de la trinité, et ce Verbe a présidé à la fondation de la Rose-Croix du Temple.

Envisage donc que tu seras jugé sur ton verbe, sur le sens général de ta vie, et que ton éternité réalisera ton idéal. Ce que tu n'as pas conçu, tu ne le posséderas jamais ; tu sentiras Dieu selon que tu l'auras évoqué, et ton ciel, c'est toi-même qui le crées. Vois donc l'importance de l'adhésion au divin.

La première mort, que j'ai dite artificielle et volontaire, te dégangue du plus lourd empêchement.

L'orgueil étant une force et non pas un vice, comme tu l'as vu, je l'ôte du tableau. Les six autres vices, tu peux les retrouver autour de toi, à l'état permanent et inconscient. Pour la luxure, j'observerai que ce péché n'a pas toute l'importance que l'opinion lui donne : ce sont les désordres qu'il produit qui l'ont exagéré dans l'esprit théologique, au lieu de voir qu'il dispense souvent d'avarice et d'envie. Quant à la gourmandise, à la colère et à la paresse, même à l'envie ; ce sont les quatre péchés avoués et officiels. Qui n'a dîné avec un évêque gourmand, qui n'a connu les acariâtres de la communion fréquente, les paresseux que sont les riches et les envieux qui s'appellent tout le monde ?

Or, s'il est un péché très absurde, c'est la gourmandise que j'appellerai une luxure détournée ; j'estime infiniment moins coupable tel qui poursuit le baiser d'une femme que ce prélat qui sirote un vieux vin. Il serait urgent de rendre à la gourmandise son dam, et de ne pas l'absoudre parce que c'est un péché du haut clergé et de la finance.

Si j'y insiste, c'est qu'il est le plus amoindrissant. La paresse rêve parfois, l'envie peut émuler, la gourmandise abrutit : comment concevoir un théologien qui se délecte aux petits plats fins et joue les Cousin Pons ? tandis que la luxure remue l'être, lui forme la sensibilité et en tout cas le fait souffrir, plus profitablement qu'une mauvaise digestion.

Je considère la luxure comme un ferment utile chez l'être ordinaire, une levure qui empêche la stagnation, un mobile d'activité, tandis que la paresse et la colère, ne portant pas en eux leurs châtiments immédiats, sont plus funestes. Dois-je me défendre d'une interprétation imbécile; je dis que la luxure contient un ferment qui soulève beaucoup de natures sans elle, stagnantes et rien de plus; je considère toute œuvre de chair comme inutile, inférieure, amoindrissante; la perfection c'est d'y renoncer, la sagesse de la raréfier.

Je ne veux que discréditer la gourmandise qui n'a aucun effet pratique, tandis que l'instinct sexuel se transpose parfois en œuvre d'art : je ne veux que réagir contre le protestantisme qui envahit le Vatican, et proclamer que le corps a le droit d'être beau, qu'il faut dominer la chair, mais non pas la mépriser.

La civilisation française n'a jamais été bien avancée,

et depuis un siècle le peuple qui a Paris pour capitale retourne à la barbarie. Je n'en veux pour preuve que les trois ignorances, les pires, des trois arts de la famille; l'art d'engendrer, l'art d'élever, l'art de mourir.

On naît au hasard, chez les barbares francs, on élève idiotement, et on meurt comme un chien.

J'envisage la mort en savant selon la science orientale et non en catholique, et je découvre cette simple circonstance, que celui qui tombe dans l'eau couvert d'un seul manteau flottant, nagera bien mieux que cet autre vêtu de nombreux et lourds vêtements adhérents au corps.

Or, mourir c'est tomber dans une mer fluidique; l'âme qui est détachée de son corps par avance, souffre infiniment peu, et s'accommode bientôt à sa nouvelle existence; mais l'âme qui adhère au corps, s'en déchire avec des douleurs atroces, des blessures, et roule en cet inconnu de la seconde vie en des conditions lamentables.

De plus, l'obsession organique, gourmandise ou luxure, reste, quoique l'être ne possède plus d'organes.

Ce sont évidemment les sensuels qui souffrent le plus à mourir, et qui s'acclimatent difficilement dans la seconde vie.

Elle a pour objet, cette existence seconde, de purifier l'âme jusqu'à sa complète spiritualisation, c'est-à-dire jusqu'à ce que le sentiment ne soit plus que charité, et l'esprit que subtilité.

Alors l'âme meurt comme le corps mourut sur cette terre, avec cette différence, que tout ce qui se subtilise de l'âme devient de l'esprit; on ne perd que la part corrompue de l'animisme.

L'entrée dans la vie spirituelle constitue ce qu'on appelle la vie bienheureuse : l'être confirmé dans la grâce ne peut plus descendre, et lors commence sa paix si c'est un simple, sa gloire si c'est un saint ou un génie ; je dis commence, car la vie éternelle est une progression perpétuelle, une ascendance toujours active, une gravitation sans arrêt dans la lumière, vers la Cause.

L'état de péché mortel est une aggravation de cet inéquilibre primitif, appelé péché originel, mais augmenté par le libre arbitre. On appelle tomber droit en enfer, sortir de son corps d'une façon si violente, que l'âme se désagrège, et sitôt l'esprit fuse, abandonnant une fluidité trop corrompue pour le contenir. Ce que devient cette âme en désagrégation, quittée par l'esprit, je ne veux pas le spécifier ici.

L'état de purgatoire se compose de deux opérations : un travail contre ce qui reste d'obsession sensuelle qui peut longtemps laisser le sort de l'être indécis ; ensuite une lente épuration jusqu'à la métamorphose de toute la personnalité. Car nous n'entrerons dans la vie éternelle qu'après le complet effacement de toute l'impression terrestre.

Comprends maintenant, mon disciple, pourquoi je te déprends du temporel et du local, pourquoi je te convie aux sentiments éternels, et au développement de ton abstractivité.

CONCORDANCE CATHOLIQUE

ARCANE TERNODÉNAIRE

L'Eglise appelle purgatoire l'état et la période où l'homme désincarné monte âme-esprit pour en issir esprit pur.

Le catéchisme de Bellarmin, s'appuyant sur deux textes tirés de saint Augustin (*Cité de Dieu*), déclare de foi que le sexe ressuscitera, et cette étrange décision n'a d'autre but que de faire jouir chacun des vertus propres à son sexe.

Avant qu'un pape ne dogmatise en faveur de l'évêque d'Hippone, j'estime cette théorie déplorable et contraire à toutes les traditions.

Adam fut créé androgyne, et je ne puis accepter pour la vie future ni la forme virile, ni la féminine ; mais, au nom de l'art entier, la forme ternaire résultant des deux mêlées au point de haute puberté.

Du reste, si on veut reconnaître un sexe à l'esprit et à l'âme, il faut concevoir les élus à l'instar des génies, les croire androgynes par la féminité animique unie à la positivité de l'entendement.

VII

LA QUANTITÉ OU DES VARIATIONS

Nom divin : שדי, Schaddaï.

Sephire : Netsah.

Série : Principautés.

Signe : La Balance.

Arcane : Quartodenaire.

Orthodoxie : la Lance.

Les théologiens traitent d'un péché de tristesse peu connu des dévots et qui consiste en une inappétence à vivre, l'analogue de la stérilité en oraison des mystiques. Il suffit lui seul à faire échouer, au seuil du temple, l'initié.

Il y a une mesure à observer dans l'ascèse, et un conseil que l'Église ne peut donner à cause de son danger, c'est que la première importance réside à ne pas se déprendre de la vie. Un très mince plaisir suffit à nous soulager d'un énorme ennui.

La magie commande la domination de soi-même et

non la mortification, tandis que la méthode monastique élimine de l'être certains éléments pour donner aux autres toute leur valeur ; l'adeptat conserve à l'homme ses facultés, les équilibrant les unes par les autres.

Le bien lui-même, en ce monde de rapports, ne comporte pas d'excès, sinon il cesse ; nous sommes limités aussi exactement dans le sens noble qu'en celui de la prévarication.

Quoi de plus sublime que la foi ! et cependant le fanatisme qu'elle engendre a reculé, souventes fois, les bornes de l'horreur. Torquemada et les dominicains d'Espagne seront, pour toutes les postérités, des monstres abominables ; en vain quelques fanatiques s'efforcent de laver ces bandits, ils resteront le grand exemple des dangers que court une civilisation quand ses chefs ne sont pas intellectuels.

La violence commise sur soi ne vaut pas mieux que sur autrui, et le mode de toute chose doit être composé de tempéraments, au sens étymologique du mot.

Donc, ne te cloître pas en misanthrope, parce que les hommes sont méchants ; ne te harasse pas, parce que l'étude est longue.

Modère tous tes actes, ne cède qu'à l'enthousiasme et à l'extase, et momentanément ; la souplesse double la force en l'économisant et permet de l'adapter mieux à la circonstance. Ceci ne contient pas une simplification pour ton effort, mais surtout une défense contre la loi de la réaction et des chocs en retour.

La dépression succède à la fièvre et la détente au paroxysme ; si tu évalues la perte dynamique d'entre les deux termes, il t'apparaîtra que moins de fièvre c'est aussi moins de dépression, et que diminuer le paroxysme retarde la détente ; ce point médian, qui donne moins de force, aura plus longue portée.

Passe la nuit au travail, ta matinée est perdue, ton après-midi compromise ; hors l'impériorité d'un cas spécial, le travail nocturne forcé te dépense plus de temps et de nervosité avec moins de résultat. Tu ne feras jamais, de minuit à cinq heures du matin, ce que tu ferais de cinq heures du matin à midi.

Physiquement, le gymnaste emploie autant d'habileté que de muscles ; moralement, l'initié dépense le moins de nerfs possible.

Deux pertes vives s'appellent l'appréhension et le regret ; l'une nous épuise avant l'événement, l'autre nous disperse après qu'il est advenu.

Réfléchir et prendre un parti, le changer ou le confirmer, voilà la préface et la postface en toute matière ; cela ne veut ni bien du temps ni beaucoup de force.

Veille bien à ne pas faire la besogne du temps ; vois ce qui lui appartient et laisse ce collaborateur lent et sûr te décharger des pires difficultés.

L'impatience ne doit demeurer en nous, premier mouvement qui arrête la pensée, si elle se rend compte des
causes toujours déterminables qui barrent l'événement.

La stratégie de la vie pour celui qui ne veut ni la
Légion d'honneur, ni la députation, ni l'estime de son
voisin, consiste à trouver une stalle d'où il voit la comédie humaine sans y jouer, si ce n'est, lorsque le divîn
est en jeu, un rôle imprévu et grandiose.

Un mage est un chartreux dans le monde, qui conserve, à sa façon très périlleuse, il est vrai, la dignité,
la justice et l'idéalité.

Penser juste, sentir beau sont des fonctions beaucoup plus hautes et bienfaisantes pour l'humanité que
la culture de la terre.

A l'aube de l'histoire, deux êtres apparurent honorés
comme des médians entre l'homme et la divinité, l'as-
trologue et la vierge, le pensant et le pur.

La première fonction, très abandonnée, te convie à
ses joies sereines; cède à l'attrait supérieur, et la
récompense immédiate sera la sérénité.

Vois les moines, leur visage exprime la paix entière
et sainte; que sur ta face luise la permanence claire de
la pensée, non pas la crispation de l'effort mental.

Il faut que tu te complaises dans la voie hermétique,
que tu y jouisses même pour la marcher lumineusement.

Prends donc l'ascèse par le côté le plus accommodable à ta personnalité, l'effort ne doit pas être amer. Il faut que tu sois séduit par l'immédiate splendeur de ce grand dessein : devenir mage.

Le salut est nécessaire, l'initiation n'a point ce caractère ; le salut s'impose à tous, l'initiation ne s'adresse qu'à très peu,

Tous les prêtres de ta ville doivent lire le bréviaire chaque jour, aucun n'est tenu de comprendre le Bereschit ou l'Apocalypse.

Il est admis que chacun lit et écrit ; cependant, on peut être un fort honnête homme et ne pouvoir ni comprendre ni surtout écrire le présent livre,

Si la seule curiosité te pousse, je pense que tu rétrograderas bientôt ; car je ne t'offre aucun bien matériel.

Au lieu des moyens de posséder, je te donne ceux de renoncer ; en place de cartes biseautées pour le jeu de la vie, je t'invite à jeter tes cartes, à dédaigner la partie. La fantasmagorie qui ferait de ce livre un beau mirage, je la sacrifie, quoi qu'il en coûte à mes habitudes d'artiste lyrique ; je bonhomise mon discours au ton usuel de l'ami qui conseille, du frère qui guide, du maître qui avertit.

Autant tu dois fermement adopter l'initiation ou la rejeter, autant tu peux la cultiver avec diverses accommodations. Je t'ai dit que la magie était la vérité se décomposant sur le prisme d'une entité, et qu'il te fallait littéralement créer ta magie, trouver un plan personnel, je te formule aussi que tu établiras toi-même ton ascèse.

Suppose un mont qui cache en ses flancs un trésor : chacun des chercheurs doit creuser son souterrain ; nul ne peut pénétrer par la voie qui servit à autrui. Emploie la pioche ou la mine, creuse un puits au sommet ou perce la base, fais selon ta lumière et ta nature ; le trésor se trouve à une égale épaisseur partout ; tu es assuré de le toucher au bout de l'effort.

Si un jour la fatigue gène ton travail, repose-toi : l'important est que tu ne quittes pas le lieu, c'est-à-dire la matière designée de ton dessein. Couche sur la place, au figuré, et surtout ne fais rien de contraire à ton entraînement, rien de vulgaire.

L'ennoblissement de ta personnalité doit se répercuter sur tes dires, tes gestes, ton allure. Même seul, aie le souci de l'attitude noble ; tu n'es pas sot, et je n'ai pas à te différencier le théàtral de la dignité. Les habitudes mimiques et décoratives, de quelque sorte qu'elles soient, influent sur la pensée et aussi sur la sensibilité. Cela t'aidera à détester le vulgaire, à ne pouvoir souffrir le grossier. Si tu veux t'assurer que tu progresses, entre dans un café-concert, tu ne dois pas pouvoir y rester sans souffrance.

Tant que tu pourras supporter la musique de *Guillaume Tell*, le théâtre de Scribe, la présence des filles, l'atmosphère du café, la lecture du journal, les discours des bourgeois : tu n'es encore qu'une bête, c'est-à-dire un Parisien.

En suite de cette épreuve, si tu ne sens pas la sublimité de Wagner, de Shakespeare, la volupté aromale et subtile de la femme honnête, l'astralité vivifiante des églises, l'intérêt ardent de la métaphysique, une préférence pour la lecture sur la conversation : tu n'es pas encore même un esthète.

Je te livre ces deux critériums pour t'en servir assez souvent, car sans ces deux premiers résultats : l'horreur du médiocre, la perception du sublime, tu ne saurais recevoir l'initiation.

De même, si artiste, tu te plais aux crépons, aux pochades, aux choses sans dessin ; écrivain, aux clowneries de mots sans idée ; métaphysicien, aux paradoxes sans synthèse, tu n'es qu'un diletante, un affreux moderne, va pourrir avec la décadence que tu incarnes, et laisse une étude où il faut que toujours l'entendement, comme l'œil de l'aigle, sans s'abaisser, fixe le point le plus haut et le plus brillant.

Superficiellement, des historiens attribuent la Réforme et ses conséquences au goût exagéré des papes de la Renaissance pour les lettres et les arts. Non ;

quand l'art s'appelle Michel Ange et Raphaël, l'art féconde et vivifie ; mais la *Mandragore* et la *Célestine* ne méritent pas un parterre de cardinaux, et le tort des prélats fut d'admettre le joli, le spirituel, c'est-à-dire l'inférieur; ils devaient ne se plaire qu'au sublime, et le pape qui se ferait représenter *Parsifal* serait certes un très grand pape.

Sur l'essence des choses, sois intraitable ; conciliant sur le mode et le moyen. Tu verras par toi-même que l'on ne peut ni tout ce qu'on veut, ni comme on le veut, et ton indulgence, tu la prodigueras au prochain si souvent inconscient et irresponsable. La royauté occulte à laquelle tu prétends, ne te permet pas la haine ou la colère, non plus que la compétition et l'intrigue, Ton entité comme aimant doit attirer l'objet de ton désir, et si l'objet résiste, accuse ton entité d'insuffisance ou bien persuade-toi que ton souhait n'était pas dans le vrai sens de ta vocation.

Ainsi tu auras la paix de l'âme et la paix sociale, elles sont toutes deux nécessaires pour parfaire la personnalité.

La temporisation dans les actes donne la victoire à celui qui ne prétend pas aux faux biens où l'humanité se rue ; la tempérance dans l'ascèse, en la régularisant, la préserve de ces fléchissements pénibles de la virtualité qui déperdent le meilleur de notre accumulat nerveux.

Au plus pratique point de vue, nos desseins ne s'enfiévrant pas, reçoivent les coups du sort sans que nous soyons blessés; comme le pérégrin abandonne son manteau au chien furieux, et qui s'y acharne, l'initié sait combien il est sage de ne pas lutter sans impériosité contre l'adversaire, qu'il se nomme d'un nom propre ou collectif.

Le transfert de la chose temporelle à la chose éternelle s'opère mieux en notre âme dans la pacificité.

Jusqu'à la prêtrise magique, c'est-à-dire à la totale initiation, la tenue du novice doit être prévidente et enfermée, car l'initiation opère par des modes que l'individu invente selon son génie, et l'heure ne peut faire de lumière que si l'adepte a par devers lui dix années de silence, de labeur et d'ascèse.

CONCORDANCE CATHOLIQUE

L'ARCANE DU QUARTODÉNAIRE

La perfection s'opère par le repliement en soi et la projection de soi vers Dieu. Sitôt cette orientation prise, le salut et la gnose commencent : il n'y a plus que des degrés et de la quantité.

Le chrétien cherche Dieu par les œuvres canoniques, le mage par les œuvres traditionnelles. L'œuvre dépasse la prière comme le génie dépasse la piété ; mais le génie étant la preuve d'une essence supérieure, est aussi naturel à certains que la piété à d'autres, et cela ne préjuge rien du salut. Aucune prière n'a autant bonifié d'âmes que telle tête de Christ de Léonard de Vinci. Il faut considérer les chefs-d'œuvre comme les plus grands miracles.

La guérison d'un paralytique à Lourdes, je me l'explique sans difficulté, mais le Christ au jardin des Oliviers de Delacroix me confond d'étonnement, et j'enseigne que l'art est le plus grand miracle de ce monde, puisque sans lui nous ne saurions pas évoquer le ciel.

VIII

LA QUALITÉ OU DE LA PERVERSITÉ

Nom divin : אלהי צבאות, Tsevaoth Elohim.
Sephire : Hod.
Série : Archanges.
Signe : Le Scorpion.
Arcane : Quintodénaire.

Funeste sur le plan commun, la perversité est mortelle en magie : ce péché propre aux décadences se
remarque particulièrement chez les êtres cultivés. Il
infeste l'art de son redoutable parfum ; comme il est
spirituel il projette toujours un vif éclàt, semblable à
ces prodigieuses fleurs qui recèlent un poison. Il y a en
cérébralité un point confinant à la fois au bien et au
mal, un plan indivis entre le beau et le laid où
paraissent la chimère et le monstre. Toutes les déno-
minations du péché contre le Saint-Esprit, malice, obs-
tination contre la vérité connue, s'appliquent à cette
dépravation. On dirait que l'instinct envahisse le cerveau et, y revêtant de la subtilité, apporte dans l'en-

tendement qui le complique la basse tendance des reins.

L'intellectuel a beaucoup de peine à se défendre contre cette débauche presque patricienne, parce qu'il y faut beaucoup de culture.

Tristan et Yseult sont le dernier mot de la perversité musicale et nul ne s'en doute parmi ceux qui ont mis à l'index imbécilement l'œuvre si catholique de Balzac.

Pour voir ce que vaut la compétence de la congrégation de l'Index, il n'y a qu'à remarquer avec quelle routine ignorante elle juge ; on chercherait vainement en ses réprobations un seul morceau de musique. N'est-ce pas comique, que les lettres et tous les arts soient susceptibles de mauvaiseté et que la seule musique reste toujours pure, même quand elle se nomme Chopin, Balakirew ?

N'est-ce pas risible que l'archevéché de Lyon qui a défendu d'aller entendre *Hérodiade* pour les blasphèmes du libretto n'ait rien vu aux blasphèmes de la partition ; et que ces grands sots du clergé contemporain et un Père Cornu par exemple, jésuite et insulteur du talent catholique, se soit emporté contre les peintures des *Diaboliques*, au moment où se jouait cet entr'acte symphonique d'*Esclarmonde*, la plus cynique ordure de la musique dramatique.

Les bas policemen de la vertu bourgeoise veulent interdire l'étude du nu aux artistes ; ils ne verront jamais l'indécence du laid et des peintures de Saint-Sulpice. Littérairement, je ne crois pas qu'il faille reculer devant les peintures vives de la concupiscence; mais je crois qu'il faut les encadrer de notions claires, avertissantes, préservatrices. Quant à ceux qui visent en art ou en lettres la titillation du lecteur, ce sont des prostitués et non pas des pervers. Je suis bien aise de le dire à cette prétendue seigneurie littéraire qui d'une plume inlassable agace les deux sexualités et cherche même à les contrarier sodomiquement, ils sont sales et rien de plus.

La perversité qui est imprimable en chronique et compréhensible au lecteur de journal n'est pas même de la perversité. Si odieux et néfaste que soit ce vice de l'esprit, il n'est pas à la portée de chacun, et presque tous se flattent qui y prétendent. Car un pervers n'agit point : du moment que son désir est réalisable il peut être criminel ; il cesse d'être pervers puisqu'il est possible.

La perversité en occulte s'appelle sorcellerie : c'est la plus grande billevesée du monde, quoique l'étonnement soit extrême de trouver en la même matière des crimes et des niaiseries en égales proportions.

Si la magie est le couronnement de la religion, la sorcellerie en est le bas-fond ; le mage est un dévot sublime, le sorcier un dévot corrompu.

Le premier sorcier fut un imbécile très crédule qui, ne pouvant obtenir par la prière légitime, la satisfaction de ses vices, imagina d'inventer une caricature de toute puissance nommée le Diable, afin d'être exaucé en ses crimes par un Dieu du mal.

Jusqu'ici le mouvement d'imagination est intéressant; il y a un effort curieux dans cette bêtise humaine si entêtée qu'elle crée un Dieu pour bénir ses vices.

Mais le sorcier, incapable d'inventer davantage et de combiner un culte, se décide sur cette idée d'enfant, que le diable étant le contraire de Dieu, son rite sera le rite divin renversé. Sitôt, la brute fait des signes de croix à rebours, retourne le triangle et dit la messe en sens inverse.

En cette voie de folie le sorcier, pour donner de la consistance au diable, blasphème Dieu, se pollue, déraisonne et au paroxysme de la folie, sans quitter ce parti d'honorer le diable par tout ce qui offense Dieu, ne sachant qu'inventer, après la sodomie et la bestialité, toujours poursuivi par les rites du vrai Dieu auquel il croit très fermement, en une sorte d'éclat ultime de rage et d'abominable ivresse, il saisit un enfant nouveau-né et l'égorge, parodiste épouvantable de la divine Eucharistie.

Il y a là une telle horreur que la colère la plus sainte se lève dans l'âme et rêve des anciens supplices.

A bout de crimes, le sorcier n'est pas à bout de ridicule.

Le sacrilège tourne sitôt au droguiste, le criminel au bas marchand, le profanateur au simple escroc.

De ses profanations, le sorcier fait des pommades, des onguents, des talismans qu'il débitera aux naïfs, et dont il se servira lui-même.

Le résultat apparent et souvent faux de tant d'atrocités consiste à vivre à l'écart dans la suspicion générale, à forcer par la crainte le don d'un morceau de pain, à faire radoter dans les veillées, et le comble de la gloire pour le sorcier, c'est un nœud d'aiguillette, une crevaison de bête ou une récolte perdue.

Vraiment, cela fait grand pitié, et l'imbécillité seule dénommerait ce cas, si en effet ce niais n'était dangereux.

Note bien ceci, mon disciple, le sorcier est redoutable en tant qu'homme méchant, hardi et exalté, non pas en tant que magicien.

Ce sont ses instincts qui sont puissants et non pas ses grimaces, mais ses grimaces fomentent ses instincts et les portent au plus haut point de nuisance ; voilà toute la question. •

Définis donc la goétie, l'entraînement du mauvais. Qu'il s'entraîne à tuer en contemplant des vitres de changeur, ou en égorgeant une poule noire au carrefour de quatre chemins à minuit ; qu'il se crée l'obsession d'une luxure par la rêverie, où par des pollutions solitaires agrémentées de vociférations ; la puissance est dans la tension de volonté et non dans les moyens employés pour la tendre.

Tout l'attirail du goétien ne doit être à tes yeux que le bibelot de l'occulte, la partie propre à émouvoir les femmes et les paysans.

De nos jours, il n'y a plus assez de foi pour faire un sorcier.

Un écrivain sans conscience a peint cyniquement la messe noire, contemporainement dite, pour allumer les sens du lecteur dans un journal pollutionnel ; or, la messe noire a pour hostie un chevreau, c'est-à-dire un jeune enfant qu'on égorge, et l'écrivain dont je parle n'a plus qu'à avouer sa sale imagination gratuite, ou qu'il est complice de cet assassinat, en ne dénonçant pas publiquement les indices, s'il en possède, sur de pareils criminels.

Ce qui prête actuellement un semblant d'existence à la sorcellerie, c'est la jonglerie d'un habile chenapan auquel on a fait bien de l'honneur en restaurant la goétie sur son nom.

Il y a plus de six ans, un ami me manda qu'il y avait en telle ville de province, un personnage mystérieux et fort savant en magie, et m'envoya le premier numéro d'une revue que lançait ce personnage.

Le chevalier Péladan, mon père, par sa situation de directeur des *Annales du surnaturel*, se trouvait depuis longtemps l'homme le mieux informé de France sur toute manifestation dite surnaturelle, noire ou blanche. Au prononcer du nom dudit personnage, il m'apprit que c'était un prêtre défroqué, condamné en justice comme escroc, et qui avait offert au prétendant Naundorff un saint chrême spécial, fait du sang de souris blanches nourries d'hosties consacrées.

J'écrivis à l'ami occultiste ce renseignement; il n'en tint compte, vint passer un certain temps dans la ville du prétendu sorcier et ne me confia pas son impression. Ce défroqué restaurant les niaiseries de Vintras et de Rose Tamisier, écrivit et débita mille sottises occultes et pieuses. Il doit continuer, mis en goût par M. Huysmans, auquel j'avais fait refuser par tous les occultistes aucun renseignement sur la magie, connaissant son remarquable talent de falsificateur.

Le chanoine Docre de là-bas n'est autre que le sorcier aux souris blanches qui ma foi, joliment spirituellement pour un sorcier, a dicté à M. Huysmans ses propres méfaits, en les attribuant à un chanoine que je connais, que j'estime et qui est une âme douce, bonne et seulement trop impatiente en sa foi ; quant au docteur Johannès qui lève les vénéfices, c'est notre sorcier du Carmel, peint par lui-même, et écrit par la plume complaisante ou abusée de M. Huysmans.

Eh bien ! la vérité nette, claire de cette prétendue magie noire, la voici :

Un prêtre intelligent et même instruit, mais vicieux, défroqué, escroc, deux fois perdu, se sauve par des simagrées occulto-piétistes ; et non seulement se fait entretenir par un bon imbécile qui le croit saint, mais pousse l'étonnante farce jusqu'à se faire attribuer les deux filles du brave homme afin d'aider les élémentals à s'incarner.

Imaginez Tartufe prophète en face d'un Orgon mystique, obtenant non seulement la nichée et la pâtée, mais la couchée avec les filles de son bienfaiteur qui est aussi son disciple ; ajoutez à ces deux filles quelques autres femmes hystérico-mystiques, et vous avez un imposteur complexe, non pas un sorcier.

Il faut certainement une certaine force de personnalité pour jouer ce rôle et le tenir même aux yeux de naïfs ; mais si vive que soit la comédie, elle reste comédie. Que le Tartufe goétien soit arrivé à s'empoisonner l'entendement de ses propres supercheries, et que son manège impie de faire servir la religion à la satisfaction de sa paillardise ait obscurci sa raison jusqu'à le laisser croire à sa propre puissance, cela est probable. Cette puissance cependant est une chimère et M. Huysmans, qui a demandé au personnage de m'envoûter pour motif d'expérience, peut prendre acte ici de ma douce joie, en apprenant que j'allais être traité comme un Valois.

On n'envoûte que ses inférieurs, et ni les justes, ni les mages ; mais l'envoûtement qui ne réussit pas revient sur celui qui l'a tenté, et j'ai grand peur que le Vintras II et M. Huysmans ne se soient donné une forte migraine en mon honneur ; l'un dans le vain effort d'étonner et de faire croire en lui, l'autre obéissant à une loi secrète qui l'excite, récitateur des vilenies à prétentions occultes contre le romancier qui en 1882, a restauré littérairement en sa pureté l'idéal pythagoricien du mage de lumière sous les traits de Mérodack.

Retiens donc, mon disciple, que la sorcellerie est le mode d'exaltation des forces nerveuses chez les êtres également croyants et criminels, qui ne peuvent ni cesser de croire, ni renoncer à méfaire, et qui mixturent foi et péché en se créant une religiosité du mal. Laisse donc à l'eau-fortier, et aux hommes d'écriture artistes, toute cette pénombre où grouillent les formes cocasses que la pauvre cervelle humaine inventa pour ses crimes aux époques de foi.

Le sacrilège suppose la foi corrompue mais vive, et non pas la foi de l'individu, mais toute une atmosphère sociale croyante. Il n'y a donc plus de sorciers, c'est-à-dire de criminels s'exaltant par des exercices religieux. Il y a toujours des criminels, c'est-à-dire des volontés mauvaises.

Le scélérat contemporain est sceptique : fouille la poche des condamnés à mort, aucun pacte ne s'y trouvera. La magie noire, cette forme religieuse du mal, n'exista jamais que comme extériorité, et même comme extériorité elle est morte et ne ressort plus que de l'érudition ou de l'artifice du conteur.

CONCORDANCE CATHOLIQUE

ARCANE DÉNO-QUINAIRE

Le péché contre le Saint-Esprit est irrémissible parce qu'il comporte la délibération, la persévérance et la théorisation : Voltaire par exemple me semble aussi insauvable que Judas, quoique nous ne puissions préjuger qui l'emporte en Dieu, de la justice ou de la miséricorde.

Tout emploi de la méthode occulte pour satisfaire ses passions, constitue le péché irrémissible par excellence et celui qui se servira du magnétisme (on dit suggestion à l'Académie), pour persuader une femme sera jugé non plus en fornicateur ou adultère, mais en sacrilège et profanateur. Quiconque donne en spectacle les phénomènes de l'atmosphère seconde, dits magnétiques, devrait être excommunié ; l'expérience, de magie qui n'est pas secrète, devient scélérate; et l'Église, en défendant aux fidèles de s'occuper de magie, a grandement raison ; cette matière ne doit être touchée que par les cardinaux de la haute culture.

IX

.LE TEMPS OU DE L'IMPUISSANCE

Nom divin : יהוה צבאות, Tsevaoth Jehova.
Séphire : Iesod.
Série spirituelle : Archanges.
Signe : Le Sagittaire.
Arcane : Sextodénaire.

Quand la mer est trop mauvaise, les meilleurs ma-
rins ne sortent pas ; quand la vie est trop adverse, le
sage se gare. La lutte contre les éléments fournit des
avertissements et des images à l'initié.

Considérant l'existence comme un perpétuel conflit
de forces qu'il te faut surmonter, tu commenceras par
cette simple habileté de ne pas offrir le combat, quel
que soit le terrain et les forces adverses.

Tu es seul, contre la Providence que, souvent, tu méconnais, le destin plus fort que ton verbe, la nécessité
de l'heure et la volonté d'autrui,

T'harmoniserais-tu constamment avec la Providence,
cela ne te dispense pas de prudence et ménagement.

Le miracle qui figure le plus grand secours que l'homme puisse attendre, se produit toujours en exactes proportions, au mérite ou au destin, de celui qui en est l'objet. Or, pour un temps assez long, tu n'es qu'en acquisivité de mérite et en préparation de destin.

Ne t'ai-je pas dit précédemment que le sorcier prenait sa force de sa propre exaltation ; c'est pourquoi tu n'affronteras point ton adversaire quand il est en exaltation dynamique, sinon tu risques, quoique le juste, d'être le vaincu.

En toute chose, deux courants se parallélisent, l'idéalité et la force, et par moment, la force l'emporte sur l'idéalité, si l'idéalité n'est pas assez forte ; de même que la force devient bientôt vaine si elle ne s'idéalise pas.

Il ne suffit jamais d'avoir raison et bon droit sur cette terre ; il les faut imposer non par la violence, mais par ce dynanisme de l'inertie consciente, qui usera toutes fureurs.

Je suppose que tu es aux prises avec la justice humaine et qu'on a empêché ta défense ; que feras-tu, initié ? Ramené dans ta prison, tu prononceras ton discours aux murs étroits avec autant de soin et de force que si tes juges et le public entendaient : cela est ridicule, diras-tu ? C'est magique ! Fais spirituellement ce que tu ne peux virtuellement.

Dépends-tu d'un homme injuste qui ne s'est pas

rendu à tes objurgations? assigne-le idéalement au tribunal des archanges, et comme si ces esprits étaient présents, plaide ta cause. Tu souris encore et cependant je te livre un grand secret et le seul moyen de concilier la fermeté du vouloir avec la nécessité.

On ne ment pas en assurant que la foi transporte les montagnes et que la volonté peut tout, en ajoutant, ce qui fut toujours sous-entendu, si la foi est proportionnelle à la montagne, si la volonté est accumulée à la quantité adéquate au désir, et sans résistance trop impérieuse du destin.

Cherche dans tes souvenirs l'événement qui t'a le plus contristé et découvres-en les détails; en restituant les conditions d'alors, tu finiras par expliquer ton malheur et à y découvrir une part de tort personnel, antécédent ou caché.

J'écarte la série des accidents et des sinistres et demeure sur le terrain de la vie moyenne.

Là, l'injustice prospère, mais non pas l'illogisme. Lorsque Balzac voulut être industriel, ce génie obscurci fut traité par la vie comme un quelconque : la volonté de Balzac se brisa contre le destin de Balzac, qui ne lui permettait pas de réussir en ce bas domaine. En tant que créateur d'art, il était invincible, et son œuvre énorme entassée malgré la vie difficile le prouve; en tant que spéculateur, il était au-dessous de tout.

Pythagore insiste sur la limitation de notre activité et ses appropriations. « N'essaie point de faire ce que tu ignores. » Or, il y a des facultés qui se nient entre elles. Jamais un homme d'action n'a été un grand artiste, ni un homme de guerre de grande valeur pendant la paix. Nous naissons propres à tel effort et nos malheurs viennent de ce que la nécessité opiniâtre nous pousse à sortir de notre voie.

Je crois donc que l'intellectuel doit tout demander à son intelligence, ce qui ne signifie pas que le journaliste soit un intellectuel qui obéit à ses besoins ; je n'entends pas non plus que Spinosa polissant des verres à lunettes ou un haut esprit employé de ministère se diminuent ; le consentement diminue, non pas l'événement.

Cantonné dans sa spécialité, l'homme prête moins le flanc aux coups du sort ; il les peut parer, restant sur un terrain familier ; nos périls, ce sont nos témérités.

Après le malheur, il y a une réaction de la vie dont on ne profite pas, par harassement et prostration. Rien ne se présente complet, ni continu en ce monde, et le mauvais destin non plus que le bon. Celui qui a l'âme assez forte pour surveiller ce mouvement de la fatalité et s'en servir, se sauve et rétablit même la chose détruite.

Le désespoir, de tous les conseillers le plus funeste, nous fait littéralement nous achever comme un blessé élargissant ses plaies.

En face d'un cyclone de fatalité, il faut changer de lieu et de manière, non pas de voie, si on suit celle de l'aptitude. La menace du sort serait-elle intime et passionnelle, s'agirait-il de se fuir soi-même, que voyager serait expédient.

Le malheureux est un être en déficit de personnalité; plus il s'appuiera moralement à autrui, un autrui ou affectueux ou nombreux, plus il modifiera vite son état.

La femme, en perpétuel déficit de personnalité, n'a pas donné à l'histoire de solitaires; ermite n'a pas de féminin.

Or, le malheureux devient femme, c'est-à-dire subordonné à l'autrui cosmique ou social.

Quand le dessein d'une vie s'oriente vraiment vers l'absolu, l'insuccès n'a pas l'importance qu'il occupe auprès de l'aventurier.

L'ambitieux qui avorte, perd vraiment tout, car son dessein ne pouvait exister que par la réalisation; au contraire, le penseur inécouté ou persécuté, garde toute sa valeur : il suffit qu'il continue à penser, pour n'être pas vaincu.

George Cadoudal a manqué prendre dans l'histoire une place en face de Charlotte Corday ; mais il ne réussit pas à tuer le monstre corse, et son nom a peu d'éclat parce que son verbe ne s'est pas réalisé : en regard, relis le terrible discours de *Bonaparte et des Bourbons.*

Le Corse a évité la mort physique ; mais non pas l'opprobre que le sublime Chateaubriand marqua sur son nom détestable, et que la mémoire humaine répétera avec une exécration croissante.

La pensée de Chateaubriand, même non exprimée, eût influé sur l'esprit occidental ; l'acte non agi meurt ; la pensée, elle, vit, croît et se multiplie hors de l'écriture, selon des lois qui ne sont pas énonçables ici.

Le malheur instruit, inspire, améliore, et on ne doit pas le maudire ; mais il use et fatigue, on ne doit pas le provoquer.

Une sorte d'ivresse s'empare de l'extatique et le pousse à des surcroîts de pénitence, il est enivré et dès lors, souffrir approche bien de jouir. L'initié, même pieux et enthousiaste, ne connaît pas l'analogue de ce qu'on a appelle « la folie de la Croix ».

Il y a une contagion des maladies morales et mentales, analogues à la lèpre, à la syphilis, au croup ; aussi t'ai-je d'abord mis en garde contre les sales promiscuités modernes du café et du cercle.

De même que les praticiens de l'aliénisme ont tous des tics nerveux et des perceptions illusoires, de même ceux qui vivent dans une atmosphère méphytique comme le bureau de journal, perdent tout sens moral.

N'est-ce pas admirable que depuis vingt ans ce lupanar politique qui suffit au prurit de la liberté en France, la Chambre, n'ait entendu ni un discours mémorable, ni une parole profonde de penseur ou d'homme d'État ?

Pris isolément, les députés ne sont pas tous canailles et imbéciles ; réunis ils s'envoûtent avec une mutualité singulière.

Quand un pays est fou, il faut s'écarter de la vie citoyenne sous peine de contagion ; quand un milieu est méchant comme celui des jeunes littérateurs, il faut le fuir.

Toutefois, le plus vif danger nous vient des personnalités qui nous impressionnent intimement.

Le critère qui décide d'une bonne ou mauvaise fréquentation est l'impression qu'on nous laisse.

Si tu te sens plus calme, plus éclairé, meilleur quand tu quittes ton ami, la preuve est faite de sa bonne influence.

Si tu t'en reviens de chez telle femme, nerveux, inquiet, mécontent de toi et de la vie : la preuve est encore faite que son influence détestable te nuira.

Tout être qui nous approche nous fait du bien ou du mal ; non pas dans le sens de jouissance ou de constriction, mais nous donne de la paix ou nous jette du désordre.

Prends garde que les faibles, que nul ne redoute,

peuvent dominer étrangement par ce simple moyen de découvrir un défaut et d'en incarner la satisfaction.

Derrière nos désastres, il y a toujours presque un Méphistophel ricaneur, moins décoratif que celui de *Faust*, redoutable pourtant.

La crainte se juge d'un mot : elle est inutile et attire le désastre dans le sens même où les courants d'air attirent la foudre. J'ai dit que le désespoir nous faisait perdre cette chance fatale qui est la réaction du malheur. Si donc on fait l'économie des frais d'anxiété et de ceux du regret, on a diminué la catastrophe puisqu'on l'a amortie, par la fermeté quand elle était à venir et par un oubli artificiel sitôt qu'elle est passée.

La prière, la méditation, l'œuvre, les amitiés nobles, sont les boucliers de l'adepte, et enfin, l'être dont l'esprit plane la plus grande part du temps, sera toujours moins meurtri par la vie, à l'instar des somnambules chez qui les heurts n'ont pas la conséquence ordinaire.

CONCORDANCE CATHOLIQUE

ARCANE SEXTODÉNAIRE

La théorie des compensations d'Azaïs a de belles pro-
fondeurs, certifiées par l'Église. « Nous ignorons, disent
les Pères, quels sont nos vrais biens; et Dieu parfois
nous sauve par des refus. » Rien de plus possible, mais
souvenons-nous de l'exclamation pythagoricienne.
« Nocher en péril, ne t'arrache pas les cheveux pour
conjurer Neptune ; manœuvre selon l'art de Neptune. »

Le parfait chrétien ne repousse pas le malheur, il le
considère comme un tremplin pour l'élan de perfection.

L'initié procédant par la spiritualité, subit le malheur, en tire la leçon et le profit moral qu'il contient ;
mais il le combat.

Les chevaliers cherchaient par le monde des périls
et des mérites; ils exultaient à la rencontre d'un dragon, mais ils le tuaient.

Ainsi l'adepte ne méconnaît pas le profit moral ni le
mérite qu'il aura en face de la mauvaise fortune, mais
il la veut terrasser, en vrai preux.

X

LA VIE OU DE LA GLOIRE

Nom divin : אלוה, Eloah.
Séphire : Malchut.
Série spirituelle : Ischim.
Signe : Le Capricorne.
Arcane : Septodénaire.

La gloire est une des plus hautes notions qui soient : comme l'orgueil que par abus on a titré de péché capital, elle veut être conçue selon la magie.

La gloire des conquérants, la gloire des militaires s'appelle, pour le mage, l'opprobre sans nom, et la colonne Vendôme par exemple sera démolie par l'initié comme les noms des guerriers seront effacés des rues et des places. La vraie gloire est celle de beauté et de justice. Si on la fait consister pour les lettres dans l'Académie, elle devient ridicule, ou dans la publicité, elle paraît alors infâme.

La gloire, c'est la volonté d'un homme épousant la

lumière et lui donnant un fils, c'est-à-dire une œuvre.

Non pas un habile épousant l'opinion de son temps et lui donnant un miroir où elle découvre son image embellie et menteuse.

La gloire est une volonté, elle comporte un effort très grand : épouser la lumière, repousser l'époque et donner le jour à une forme, c'est-à-dire vivifier de sa virilité un passif idéal ou symbole éternel.

Quelle confusion dans l'esprit occidental sur cette noble matière et quels butors que les éducateurs français !

Pour le lecteur du *Petit Journal* ou le ministre de l'instruction publique, la gloire couronne également Wagner qui fit *Parsifal* et Bonaparte qui fit un charnier de quinze millions de cadavres ; il y a une rue Hoche près de la rue Chateaubriant et dans un pays où Marat, Voltaire, le cabot Gambetta et le journaliste Desmoulins ont leur statue tandis que Balzac et Delacroix l'attendent, je me demande ce qui se passe en l'esprit de l'adolescent qui cherche une notion claire. Pétrarque au Capitole ou le pédéraste César torturant Vercingétorix, quel est le glorieux ?

Comment des hommes ont-ils été assez constamment brutes pour convenir de rendre les mêmes honneurs à deux généraux adversaires et quelle spéciale maladie mentale a-t-on observée au siège de Sébastopol où les officiers russes et français godaillaient ensemble entre deux combats acharnés? Est-ce pas le Valhall, moins les Walkyries, c'est-à-dire la pire barbarie des Goths ?

Voici deux armées en présence : pour la routine les deux armées seront héroïques si elles se battent avec rage. Vraiment les sauvages n'auraient pas d'autre sentiment.

Théosophiquement, le héros est celui dont la cause est juste; et le mécréant, serait-il vaillant comme Percy, reste un mécréant.

Il faut en finir, au point de vue physiologique avec la farce du courage : plus un être est vide, plus il fait bon marché de sa peau.

Au reste, si on conviait n'importe quel état-major à faire preuve de métaphysique, je crois que ce serait un étrange vaudeville, tandis que le dernier des intellectuels est capable de mener une charge et d'aller avec une cravache contre mille canons.

Le militaire qui part en guerre ne croit pas qu'il va mourir, et arrivé sur le champ de bataille, devenu une tête de bétail, il ne pense plus que de la pensée du troupeau ou régiment : le glorieux 000ᵉ est littéralement inconscient de sa gloire, aussi inconscient qu'un taureau qu'on pique pour le faire entrer dans l'arène où il se défend des brutes humaines.

Juda Machabée sait pourquoi il se bat; il incarne

l'idée juive, Larochejacquelein incarne la théocratie ; les fanatiques seuls sont logiques l'épée à la main, mais les figurants des tragédies conquérantes, les pauvres sots qui sont au Tonkin comme pirates nationaux me semblent des buses ou des misérables.

Il faut ou que le mot gloire ne serve plus aux vols et aux assassinats sociaux ou bien en inventer un pour la vraie gloire. L'épouvantable Montauban qui brûla le palais d'été de la Chine porte le même or de nimbe dans la mémoire humaine que Léonard de Vinci. L'un et l'autre seront dits « s'être couverts de gloire ».

L'essence même de la vraie gloire c'est de réunir l'assentiment universel, de ne [pas valoir seulement pour un lieu et un moment ; ou bien d'incarner la justice d'un lieu et d'un moment.

Karlemagne contre les Saxons, et la Pucelle contre les Anglais combattaient pour la lumière, encore plus que pour l'Empire et la France : de là leur grandeur.

Si l'incendie du Palatinat n'est pas une honte, je demande que la mémoire de Cartouche soit réhabilitée. Les hommes sont si vains qu'ils respectent leurs sottises comme autant de dogmes. Ils ont régularisé le brigandage et s'appellent des braves ; ayant mis à la place du vol et de l'homicide les mots jeu et guerre, appelé l'assassinat duel, ils se sont dits civilisés.

L'Angleterre bombardant les côtes de Chine, parce

qu'on refuse l'entrée à son opium, voilà qui donne la mesure de la scélératesse nationale et emporocratique.

Hors la défense de l'opprimé et de la civilisation, toute gloire se modèle œuvre de paix et de bonté.

Si quelqu'un se posait en face de ce problème: imposer son nom à la mémoire humaine, il aurait plutôt fait d'être un scélérat qu'un génie. Deutz, Perrinet Leclerc ont l'immortalité comme Iscariote, et cependant qui donc voudrait de leur détestable notoriété? La science disserte sur les monstres et l'histoire enregistre les méfaits, également par besoin d'étude. Mais il manque dans l'enseignement supérieur une notion ferme qui guide les jeunes esprits vers le vrai de la gloire.

Newton et Murat ne doivent pas être mis au même plan, sinon la gloire serait comme la Légion d'honneur que porte également le poète et son éditeur, ce qui est fort comique, et qui rend ridicule le beau ruban qui distingue en France les vieux capitaines, les jeunes diplomates et les cocus.

La gloire doit être attendue et non pas poursuivie : sinon ce serait une simple entreprise de publicité et un Américain, à coups de dollars, ferait oublier jusqu'au nom de Dante.

Ce qui rend difficile plus qu'elle fut jamais la situa-.

tion de l'intellectuel occidental, c'est que ni l'État, ni le riche particulier ne possède ce goût de l'immortalité, si natif pendant toute la renaissance italienne.

La caillette d'aujourd'hui recevra vingt journalistes pour avoir un écho au *Gaulois* sur sa soirée ; mais l'idée d'une dédicace qui la ferait revivre pour le toujours littéraire, ne lui est jamais venue.

De même, il n'y a pas en France un homme, un seul assez fermier général, assez La Popelinière pour vouloir attacher son nom à un nom promis à la postérité. Les Français, et plus généralement les Occidentaux sont au-dessous de Turcaret et du dernier changeur italien.

L'homme de pensée et d'art, placé entre la honte lucrative de plaire au public, le reniement de toute dignité de complaire à une République, et l'impossible, même avec vilenies, de plaire aux riches, se trouve singulièrement empêché.

Jamais époque ne fut plus stérilisante, et ceux qui œuvrent encore ont double génie et un bien colossal entêtement ce semble.

Littéralement, celui qui conquiert les suffrages contemporains peut se considérer comme un néant ; car toutes les notions étant perdues et gâtées, on ne peut que maudire son temps, ce qui est la pire façon de s'inspirer. L'indignation, triste muse, reste l'inévitable remplaçante de ses neuf sœurs. Au lieu de recevoir du présent la matière de son œuvre, il faut à grand effort se rejeter dans le passé et créer en antagonisme avec son temps.

Jamais les écrivains et les artistes ne furent réduits à une plus dure nécessité. Cependant un homme a montré quels miracles la volonté sait accomplir. Le théâtre de Bayreuth témoigne qu'un génie peut dompter l'univers et bouleverser un art, de fond en comble.

Songe que le héros de *Parsifal*, c'est la colombe de l'Esprit saint, que ce drame figure sans cesse l'Eucharistie et la messiassion, que chaque année la sceptique Europe envoie cinquante mille pèlerins à l'église d'art de Bayreuth ! Songe à cela et assure-toi que derrière la beauté de l'œuvre et la volonté de l'homme, il y a les anges, qui parfois s'impatientent et changent le cours de la bêtise humaine.

La gloire moderne, même esthétique, porte sur elle un obscurcissement étrange, qui vient de la matérialité de son idéal. En face d'Eschyle et de Sophocle, le théâtre d'Hugo paraît du drame de foire, mais non pas celui de Gœthe ou de Wagner.

L'initié en art s'efforce d'enfermer de l'abstrait en ses fabulations et de mettre un dessous de mystère à son pathétique. Il y a dans l'art pour l'art, une misérabilité qui devrait paraître aux yeux des moins avertis, il est vrai que le dernier poète sacré, le Dante, plus

honoré que compris, plus cité que lu, n'a point d'action
sur le cerveau occidental.

Aussi l'artiste doit-il se désintéresser, non seulement
de son temps, mais de son peuple, et œuvrer en hu-
maniste, c'est-à-dire en teintant le moins possible de
couleur ethnique son œuvre. Si belle que soit la Tétralogie, l'appareil gotho-germain y dépasse ce qu'on voudrait.

Ne pas reproduire la vie de maintenant et œuvrer
très loin du public, comme fait le savant, voilà tout le
conseil à donner.

Comme la décadence actuelle sera reniée par la civilisation nouvelle, il serait inhabile de se faire englober
dans ce rejet.

Le siècle n'a plus de souci de l'art : que l'art n'ait
plus souci du siècle.

CONCORDANCE CATHOLIQUE

ARCANE SEPTO-DÉNAIRE

L'Église depuis deux siècles a oublié sa mission esthétique : elle construit les plus hideux monuments et les orne des plus ignobles statues, des pires barbouillis. Ses cantiques, sa musique, ses ornements, valent son architecture, et bientôt les parpaillots n'auront plus rien à nous envier.

Aussi, l'Ordre de la Rose-Croix vient-il à son heure pour forcer l'Église à devenir artiste, et lui rendre ainsi ce prestige qui est digne d'elle seule.

La tâche sera pénible : car les prêtres et les dévots, prenant le génie pour le diable, insultent les gloires ; et le catholicisme, en face de ses artistes, semble un père qui aurait oublié ses plus beaux fils, et qui les retrouvant les renierait, parce qu'ils ne ressemblent à ses autres enfants, humbles, presque laids et plus commodes à manier.

XI

LA MANIÈRE OU DES ENNEMIS

Nom divin : אלהים גבור, Gibbor Alohim.
Série spirituelle : Daïmons.
Signe : Le Capricorne.
Arcane : Octodénaire.

Il ne faut pas avoir d'ennemis, c'est-à-dire qu'il ne faut accorder à personne assez d'importance pour lui opposer sa propre personnalité.

Les hostiles sont inévitables, non pas toujours funestes.

L'initié opère sur lui-même, en lui-même, par lui-même, tout ce que l'agnoste base sur autrui.

Selon la doctrine, le nécessaire advient dans la vie de l'adepte, s'il tient fermement la barre de sa destinée.

Or, la méditation seule nous rend conscient de la limite où nous pouvons vouloir sans dépasser la force de notre destin.

Nous naissons avec des penchants, autant dire des commencements de chutes, et l'ancienne astrologie était une équation entre la volonté et la nécessité.

Le condottière Boulanger sera dit par tous Vénusien, et cela suffit pour ne pas croire à son succès final : il avait séduit Mme la Foule : au lieu de lui être fidèle, il lui donna une rivale en la personne d'une comtesse qui perdit son destin ; cet homme inférieur n'a pu se substanter avec de l'ambition. Sans valeur personnelle, devant tout au destin qui lui apportait la force de tous les mécomptes, il a roucoulé, sans cesser de vouloir régner; mais le destin, qui avait tant fait pour lui, s'est retiré et, réduit à soi-même, il ne représentait rien, et n'a pas eu assez de personnalité pour porter dignement son exil.

Nos insuccès naissent souvent de la contradiction entre nos désirs et notre volonté. Nous manquons d'unité morale; de là notre faiblesse la plus commune. Ce n'est pas le but qui bouge et se déplace, c'est nous qui ne le visons plus. L'ambitieux, fidèle à son dessein, le réalisera toujours, s'il ne dépense sa force à d'autres passions. Le savant parviendra au plus haut point de connaissance, s'il vit en savant; c'est-à-dire que dans ses mœurs comme dans sa recherche il ne doit point répéter et ressasser un fait une fois connu comme la sexualité par exemple; l'artiste enfin ne parviendra au chef-d'œuvre que par l'emploi de toute sa passion- nalité dans la facture de son art. Il n'y a pas de véritable impuissance, nous dispersons nos forces et voilà la raison de nos avortements.

Il s'agit bien moins de se mettre en pénitence et de renoncer à ses passions, que de les accommoder à son vœu, et tel peintre qui n'est pas continent, restreint cependant sa luxure aux femmes propres à lui poser une belle œuvre.

Hors de la solitude et de la vie à l'écart, il faut socialement frayer avec la caste la plus élevée possible pour profiter des passe-droits et des commodités de la corruption.

En soi et autour de soi, le bien et le beau profitent de beaucoup de mauvaisetés. Par analogie, la putréfaction métaphysique comme la physique engendre sous une main habile des choses parfaitement nobles. On ne remarque pas assez quelle divine alchimie sublimise perpétuellement les pires éléments, et comme le mal devient un excitant de vertu, et le méfait une occasion de bien faire. Le mage collabore attentivement à cette grande œuvre des réactions providentielles, qui préside à l'utilisation bénéfique du péché.

Massillon, dans son immortelle homélie sur Marie Madeleine, expose une théorie similaire à celle de Fourier : au lieu de proposer au pécheur un prototype du chrétien, il montre comment les plus diverses tendances peuvent aboutir au salut, qu'il n'y a rien à retrancher du potentiel, mais seulement à le subordonner au salut.

En soi, aucun tempérament n'est réfractaire au bien ; la dernière qualité, le courage physique lui-même peut être lumineusement employé, et tout penchant demeure susceptible de panification noble.

Aujourd'hui, l'inimitié de personne à personne a perdu sa force, et les embûches s'appellent les lois. L'ennemi de tous, c'est l'État; les difficultés de la vie s'appellent enseignement infâme, recrutement militaire, justice injuste, police dangereuse à l'honnête homme.

L'intellectuel a donc pour principaux dangers : l'université, l'armée, la magistrature et la police.

Aucune embûche ne se compare à l'abrutissement de l'éducation nationale française, à l'avilissement de l'obéissance passive, à l'insécurité d'un pays sans *habeas corpus*, au danger d'une police qui opère depuis vingt ans autant contre les honnêtes gens qu'envers les misérables.

Je t'ai commandé l'oubli de tout ce que la France enseigne; quant à toi, si tes parents ne t'ont fait naître à Jersey, reproche-leur ce manque à leur strict devoir, et que le génie de la nécessité t'inspire. En fait de justice humaine, ne retiens que le mot de Montesquieu sur le vol des tours Notre-Dame, et évite les heurts de la rue.

Tout homme de consigne présente un spécial dan-ger : celui de la borne, n'y butte pas ; évite le mili-taire, évite le gendarme ou corromps-les, car je ne fais pas au pays de France l'honneur de croire que le bon droit soit jamais une chance de plus, et que l'innocence vaille quelque chose devant les tribunaux ou l'opinion.

Au reste, le mage toujours puissant ne peut être que combattu dans sa réalisation, son verbe défie la conjuration de la société et de la haine.

Sous les dents des fauves, les chrétiens lacérés étaient plus les chrétiens que lorsque Constantin les fit triompher. Jehanne d'Arc est-elle moins la Pucelle sur son bûcher ? Les Chouans assassinés et non pas vaincus par les bleus, dont les petits-fils nous gouver-nent, ne sont-ils pas les mêmes martyrs de la foi, morts ou vivants?

Défaite et victoire désignent des contingences où le verbe demeure même sans cesse. Jacques de Molay condamnant à mort, du haut de son bûcher, le Pape et le Roi, apparaît plus encor le grand maître du Temple que ses heureux prédécesseurs, et si Louis XVI n'était pas monté sur l'échafaud, il serait mort en nigaud et non en victime.

Quel que soit le sort d'un homme, sa gloire terrestre comme éternelle dépend de son seul enthousiasme : Archimède, tué pendant qu'il traçait des figures géométrales, n'a pas été vaincu : sa contemplation de la science, il l'a reprise de l'autre côté de la vie.

Vois donc, mon disciple, la grandeur de l'idéal, puisqu'il défie tout adversaire et toute aventure.

Mais, vois aussi que cela qui s'entend de l'idée ne s'étend pas à l'individu, qu'aucune Norme ne s'intéresse à ton bonheur et que les mondes s'indifférentisent que tu aies du luxe et de vaniteux plaisirs.

Pour participer à la puissance idéale il faut que tu deviennes le chevalier d'un Graal ; cherche à travers l'histoire un grand homme qui ne soit que lui-même, tu ne l'y trouveras pas.

Dieu seul est grand, disait Massillon devant le cercueil de Louis XIV et il eut pu ajouter : l'homme ne vaut que par son amour du divin.

Dans la communion des saints et la communion des génies, il n'y a place que, pour des aspirants à la sainteté et au génie; celui qui ne désire pas la perfection, fût-ce sous la forme d'un art, n'est qu'un mammifère et cela ne vaut ni un discours ni même une parole.

L'homme réduit à lui-même n'est que le plus pervers des animaux : pour aller à Dieu, il lui faut de l'aide, celle de ses aînés en effort.

Ne cherche pas d'appui intellectuel parmi tes contemporains, sinon auprès des rares mystiques et enthousiastes. Evoque les morts admirables, non par des cérémonies et des clavicules, mais par la méditation de leurs œuvres.

Ne dis pas, comme le spirite idiot, à Shakespeare ou à Platon d'apparaître pour distraire une chambrée de désœuvrés, mais relis le grand Will, et approfondis Platon : tu ne verras pas de fantôme, mais ton esprit sera illuminé.

L'illumination par les beaux génies surhumains, voilà la lampe qui doit éclairer ta marche à travers ce siècle pourri. Je ne t'ai pas dit que le progrès est le mot blasphématoire inventé par les journalistes pour faire oublier aux nations et leur devoir et la vérité sainte. Baudelaire a dignement écrasé ce mot sous quelques pages et Dutens a démontré que l'antiquité n'ignorait rien de nos prétendues découvertes.

Méfie-toi surtout de l'histoire romaine qui te poursuit, au sortir de l'idiot Duruy, sous la forme corné-lienne, et balafre d'un large mépris cet infâme peuple romain sans art propre, sans bonté et qui, scandale incomparable de l'histoire, a poussé au delà du possible le crime collectif ou national.

Déteste toute force sans justice ; déteste dans l'Etat ce que tu blâmes dans l'individu, déteste l'État, s'il n'est pas théocratique.

Mais déteste en esprit ; ne va pas expliquer aux glorieux officiers français qui affamèrent les moines de Frigolet qu'ils sont des misérables et si tu rencontres l'infâme Ferry, ne tue pas ce monstre, car les officiers sont inconscients et le Ferry a le rôle de grand premier traître au crépuscule latin.

Mais arme ton esprit, forge-toi une épée d'éloquence, un style d'Euménide et attends qu'une mission s'offre à toi. Si elle tarde, si même elle ne vient pas ? Qu'importe ! Tu auras honoré en ton âme la vérité, tu auras donc préparé ton devenir éternel.

A travers cette vie, considère l'autre et ne sépare jamais ni à la conception, ni au dessein, le temps où tu pâtis, de l'éternité où tu planeras.

Si tu m'écoutes, ton salut, au sens catholique, est fait, et ton malheur en ce monde est immédiatement réduit.

La partie perdue humainement se gagne dans le ciel, si tu joues le jeu divin. N'est-ce pas l'invincibilité? On paralyse tes forces, mais ta volonté se projette jusqu'aux anges qu'elle réjouit.

Que peux-tu craindre ? La sérénité de l'âme assainit le corps; le dédain des hommes et de leurs lois te cuirasse à leurs injustices et aux exactions.

L'amitié te trahit et l'amour te déçoit. Regarde : ne vois-tu pas cette nouvelle étoile qui s'allume au ciel ! C'est un monde plus vaste que le nôtre : sa vue doit-elle pas te surélever jusqu'à ne plus sentir si pour quelques heures encore tu as à subir la tyrannie et la promiscuité sale des terrestres?

CONCORDANCE CATHOLIQUE

L'Église, en mettant le but de la vie au delà de la .
mort, préserve le fidèle d'une trop grande sensibilité
aux affres de l'existence.

En l'obligeant à la charité, elle le rend possible et
parfois doux au prochain ; mais elle ne cultive pas
tout l'individu en le faisant renoncer, et le fidèle même
parfait, c'est-à-dire sauf devant l'éternité, bon dans le
présent, ne porte en lui aucune puissance de lumière.

L'Église, toute à ses saints, a oublié le génie, et occupée à la prière, déserte l'action ; il est donc opportun
que la magie vienne lui rendre et l'esthétique et la
combattivité.

Je crois que trois pouces de fer dans la poitrine de
certains monstres aideraient singulièrement le règne
de Dieu : il est vrai que ces trois pouces de fer sont
laïques et profanes, et dans *Istar*, j'ai dit comment le

très saint Père dispose, quand il dit sa messe, de la vie de quiconque.

Je ne puis m'avancer davantage dans l'attente de cet *Ignis ardens* en les mains duquel les foudres du saint-siège deviendront la foudre.

XII

L'ACCOMPAGNEMENT
OU DE LA PROVIDENCE

Nom divin : אל, El.

Série mixte : Androgynes.

Signe : Les Poissons.

Arcane : Nonodénaire.

La théocratie a été la forme politique de ces grands empires de Babylone et de Memphis, de l'Inde et de la Mongolie auprès desquels nos histoires modernes semblent des chroniques de peuplades ; ce qui est vrai de l'hominalité l'est aussi de l'homme.

Le suprême commandement le voici : que le divin base et couronne à la fois tous tes desseins. Aussi multiple qu'on peut le concevoir, le divin ne se réduit pas à une même observance pour tous.

Il est présent dans l'atelier d'un Delacroix, d'un Sigalon, dans la mansarde de Balzac comme au cloître. La mondaine qui arrache à un officier des adoucissements pour un intellectuel condamné aux galères nationales fait un usage sublime de sa coquetterie ; et si Marie-

Antoinette n'était pas la sublime suppliciée de la monarchie, elle serait encore la patronne de Glück, le seul génie et la seule majesté du xviii° siècle.

Le nombre de la Providence est aussi celui de la génération et du rayonnement, et toute culture du moi reste imparfaite qui n'aboutit pas à une expansion.

Il est permis de s'élever au-dessus des lois et de la solidarité humaine ; sous l'expresse condition que cet orgueil se prosternera devant l'orgueil infini qui est Dieu.

« Fais ton salut, » dit la religion ; et la magie : « Tu ne te seras sauvé que si tu deviens un sauveur. »

Le chœur des anges, dans *Parsifal*, chante :

« Rédemption au Rédempteur, » exprimant ainsi que l'homme qui s'élève au-dessus des autres revêt, avec une dignité nouvelle, de spécieux devoirs.

Le Sepher d'Elkana s'exprime ainsi :

« Juge, si tu sens en toi vivre la justice.

« Commande, si tu sens en toi la puissance.

« Sacrifie, si tu te crois grand-prêtre.

« Règne, si ton front est pressé d'une invisible couronne.

« Mais souviens-t'en, toi qui t'assieds pour la justice, tu seras sept fois jugé.

« Souviens-t'en, toi qui te lèves pour commander, tu devras sept fois obéir à Bel.

« Souviens-t'en, toi qui récites les noms tout-puissants, tu seras sept fois nommé impérieusement.

« Souviens-t'en, toi qui mets le sceptre lourd sur les peuples, tu seras courbé sept fois par Ilou le suprême.

« Juge, patési, mage, Sar, souviens-t'en (1). »

Ainsi, le Sar Elkana reconnaît à tout homme le droit de saisir la balance, le bâton, l'encensoir ou le sceptre, mais il avertit qu'un péage est dû à la divinité pour ces hautes ambitions. Ce péage s'appelle, dans le texte, « un septénaire de fois » ; ce qui, occultement, signifie expansion ou création ; le monde ayant évolué selon ce nombre sept.

Celui donc qui s'arroge de telles dignités, s'oblige à consacrer à l'abstrait le septième de sa puissance. Or, trois étant le nombre de l'homme complet, sept signifie que le mage ne retiendra rien pour lui de son pouvoir.

Nous sommes loin, loin en hauteur de ces misérables essais d'égoïsme sous forme d'éthique que divers ont tenté.

Le héros moderne qui gémit de ses cigares trop frais et de la vie trop morne et de sa dyspepsie, ne vaut pas un dédain en passant. Il faut vouloir hors de soi pour

---

(1) *Le Livre des merveilles*, d'Elkana le Kaldéen, manuscrit du XIIIᵉ siècle, aux armes de Hugues des Païens, premier grand-maître du Temple. (Unique exemplaire, au Sar Péladan.)

valoir; à peine est-il permis au peuple de poursuivre, comme la bête, aveuglément ses satisfactions; le dilettantisme n'est rien que la forme décorative de l'impuissance; l'émasculation esthétique.

Quiconque n'a pas besoin de certitude est un faux penseur ; et, métaphysiquement, Renan se définit eunuque.

On a disjoint à tort les notions simultanées de charité et d'œuvre.

Le peintre de la chapelle des Saints-Anges a fait des miracles d'une autre force que ceux de Lourdes, et dussent les dévotes de l'univers en hurler, certaines phrases de Bossuet, certains vers de Lamartine, certaines pages de Wagner me stupéfient bien davantage que la guérison instantanée et entière d'un hôpital.

Je ne différencie pas les mérites de la charité de ceux de l'art, et la Sixtine et le *Cenacolo* valent pour les intellectuels toutes les aumônes et toutes les bontés.

Je sais qu'il faudra faire une grande violence aux dévots pour qu'ils cèdent place au génie, mais aucune hésitation n'est permise à l'ordre de la Rose-Croix; par lui, le Beau rentrera dans le catholicisme, et si les porches de maintenant sont trop bas pour qu'il passe, nous briserons les porches.

Assez et trop longtemps, un clergé ignorant et parpaillot rejeta l'artiste parmi les profanes; nous voulons nos stalles dans la cathédrale catholique ou, sinon, nous ferons une cathédrale à Notre-Dame de Toute Beauté, certains qu'elle sera aussitôt bénie de la Vierge et éblouissante d'anges aux ailes joyeuses.

Ne sacrifie jamais la forme ; la beauté, c'est Dieu visible comme la vérité est Dieu conceptible.

Ne crois pas, mon disciple, que ce soit un effort que de préférer l'idée à son moi ou plutôt à n'exister que comme le porte-épée d'un abstrait. Avec la victoire, l'archétype te vaudra la joie indicible et incessante de rythmer ta vie sur l'harmonie même des esprits purs, et lors tu n'entendras presque plus la criaillerie humaine.

Ces souffrances qu'Hamlet énumère, disant que la mort en délivre, ces mécomptes, ces injustices se peuvent conjurer ensemble, les méchants et les Normes, tout cet effroi sera dispersé par la clarté qui descendra sur toi.

L'art, en ses images, enferme toute sagesse presque tangiblement ; tu trouveras en *Parsifal* la sublimité de ce siècle, l'œuvre sainte et sept fois auguste, la notion même de mon enseignement sous la figure de Montsalvat.

Lohengrin, vainqueur de Frédéric de Telramund, c'est l'initié vainqueur du méchant.

Sa force n'est pas sienne ; Dieu lui délègue un pouvoir

surnaturel : or, sache que Wagner est encore plus extraordinaire que ses héros et que les avoir conçus, c'est les avoir été.

Agenouille ta vie devant un Graal, une précieuse relique du passé ; sois son chevalier pieux et vaillant.

L'ascèse que contient ce livre te prépare à la lumière, mais la lumière vient d'en haut ; on la reçoit, mais on ne la crée pas. On la reçoit, chaleur et joie, et on la rayonne, couleur et force.

Nul esprit ne peut se dater de lui-même, nul être se substanter de soi ; on fait suite à tel preux, à tel saint, à tel génie ; on se substante de tel exemple, de telles paroles, de tels chefs-d'œuvre.

Ce commerce ou plutôt ce culte de ce qui fut grand et de ce qui demeure beau, parachève le cœur en le subordonnant au souffle de l'esprit. Vainement, les égoïstes voudraient s'élever sans se dévouer, les dilettantes s'affiner sans aimer ; le haut degré de toute voie ne se franchit que par un sacrifice, et le livre comme la fresque ne se laissent pénétrer que par l'enthousiasme.

Honore la forme, mon disciple, en toi-même d'abord ; sois noble de maintien, noble de parole, et ne te plais qu'à la noblesse en toute chose.

Ta présence ne doit jamais être complice des vulgarités coutumières, et là où tu ne peux imposer le beau, va-t-en. Impose-toi une pointilleuse dignité, qui te défendra de ces atteintes que tout le monde dirige contre chacun, et les détachements que j'ai demandés, ces renonciations nécessaires vaudront pour unifier ta force, et la grandir en cette seule belle voie de l'amour des idées.

Je te promets autant de joies d'esprit que tu repousseras de vertiges, autant d'intellection que tu refouleras d'instincts, autant de beauté de cœur que tu réduiras ta passionnalité. Vois toi-même où s'arrête ton désir saintement ambitieux.

Si tu veux faire fortune et faire ton chemin, être quelque chose au lieu de quelqu'un, porter un ruban à la boutonnière, au lieu de la Rose † Croix en ton âme ; oublie cette lecture, elle laisserait un trouble néfaste sur ton esprit ; on n'accommode point des intérêts avec l'idéal.

Rentre donc parmi la foule, toi qui désires les biens illusoires de la réalité. Voici l'université qui t'offre d'être empoisonneur à ton tour, voici la patrie qui te donnera un costume de couleur si tu veux accepter cette obéissance passive que Pascal ne comprenait pas et que pratique l'imbécile Occident ; voici la curée ochlocratique : sur la constitution française est écrit : *au plus indigne*. Va, émule-toi avec ces pourceaux.

Voici encore la fructueuse prostitution de la presse ; émule-toi avec les filles, sois professeur athée, juge, journaliste et député, sois tout cela, mais sois maudit comme ce pays dont tu es le citoyen très digne.

Autre que j'aperçois, déjà ébloui des splendeurs du Gral, ingénu d'aujourd'hui, Parsifal de demain, mon disciple encore un temps, bientôt mon pair et mon adelphe : O toi qui seras mage, salut! salut, chère âme qui as palpité au branle des cloches bénies, âme de douceur et de force, âme de saint et d'artiste, futur tabernacle de la divine charité, toi que les passions vont quitter pour jamais, salut! salut! noble esprit, qui a perçu au travers de mon pâle langage rayonner la blancheur adorable de l'idéal, esprit de subtilité et de paix, esprit de gloire et de mystère épris, futur reverbérateur de l'absolu, toi que couronnera bientôt le cercle d'or de la complète vérité, salut !

Salut, mage ! Aux épreuves, aux œuvres, à la gnose maintenant. Je t'ai ouvert le temple comme Gurnemauz : je ne peux rien de plus.

Un jour, après souffrir, après pleurer, après créer, tu porteras la croix noire et blanche qu'étoile la Rose sainte.

Alors, chevalier du Temple, souviens-toi de celui qui t'aima sans te connaître, qui écrivit ce discours sincère et bon pour t'illuminer, et prie pour ton initiateur, ô Rose-Croix, afin que Dieu, ne jugeant que la beauté de son dessein, lui pardonne son dire imparfait par les mérites de ta propre vocation. Ainsi soit-il.

CONCORDANCE CATHOLIQUE

La religion et la magie ne diffèrent que par la prédominance de l'âme chez l'une, de l'esprit chez l'autre.

Je le répète, le mage assimile l'œuvre aux mérites, le chef-d'œuvre aux miracles, les génies aux saints, les artistes aux prêtres, les enthousiastes aux fidèles, et les arts aux rites sacrés.

Sur ce point, sur celui-là seul, la magie ne concédera rien ; car elle défend une telle part de vérité que les mœurs de l'Église, et non l'Église, lui sont opposées.

L'an deux mil est date prophétisée pour le règne du Saint-Esprit ; les œuvres de l'intelligence deviennent donc les plus actuelles où la grâce nous convie ; et l'office du mage a été toujours de saluer avant le prêtre les manifestations divines.

Comme Belthésar, Gaspard et Melchior saluèrent Dieu le fils ;

Ici Péladan-Sar adore le Saint-Esprit qui va venir.

LIVRE TROISIÈME

TERNAIRE

DU

SAINT-ESPRIT

> Saint-Esprit, ô la plus offensée par
> ce siècle ; ô la moins priée par ce
> cycle des trois saintes personnes.
> (*Istar*, cinquième roman de l'éthopée en douze romans *la Décadence
> Latine* ; Dentu.)

I

L'ŒUVRE DU PÈRE

L'unité divine créa l'être à son image, mais l'Écriture et la Kabbale qualifient le corps de don du père; et l'histoire hominale de la révélation primitive jusqu'au Messie pourrait s'appeler aussi le cycle du père.

L'originel péché, je l'ai spécifié un vertige de la nouveauté d'exister.

Dans le monument à peine achevé, il y a un travail de tassement des actions et réactions de force entre les parties portantes et portées; ainsi, à sa naissance, l'homme parfaitement construit en esprit et âme, eût pu garder son équilibre si volonté, accélérée par l'ivresse de l'instinct, n'eût créé un destin hors de la Providence.

L'homme, né androgyne, avait la forme humaine (*species*) une corporéité fluidique, non pas organique.

C'est pourquoi son vertige de volonté le rendit incapable de demeurer sur le plan formel: Dieu le père, par miséricorde, descendit l'homme du plan spéciel au plan organique.

Sitôt Adamah obscuré en son âme et son esprit, commença la vie similaire à la nôtre.

Le péché du monde primitif, visible aussi bien parmi les Israélites que les Ninivites, les Phéniciens, que les Goths, c'est la cruauté, l'élément militaire et tortionnaire.

Aussi Mahom appartient-il, malgré sa date, à la période de sang, tandis que Çayka Mouni, en dépit de son antériorité, relève du principe de la Messiation.

Les Keltes Bouddhoï, si brutes que leur Walhal recommence, dans l'éternité des jours, la tuerie et la soûlerie, ces Goths fils d'Odin le suicidé comme les Nimroud et les Kan mongols, incarnent ce même vertige d'instinct qui fit vaciller Adamah, vertige qui vient cesser enfin dans le chrétien livré aux bêtes.

L'ancien monde évolua grandement comme force et pensée; l'État abusa toujours du pouvoir et s'ensanglanta sans se perdre : les vieux mages continuent, à travers les dynasties ef les conquêtes à célébrer dans le fond des temples un culte intégral mais stérile à la divine vérité.

Ainsi, la première période de l'initiation correspond au premier cycle de l'histoire.

Ainsi, pour effacer l'imperfection originelle, il faut nous transposer par la volonté, du plan organique au plan spécial, c'est-à-dire ne pas vivre de sensations tout à fait organiques.

Être capable d'un rut, soit celui sexuel, soit cet autre homicide du soldat, abaisse tellement qu'il n'y a plus de grandeur possible.

Le commencement de la perfection, c'est la lutte contre Nahash l'instinctif qui s'appelle aussi bien luxure que brutalité.

Il faut pouvoir dire la confession négative de l'Égyptien : être un juste ou équilibré, et tout de suite pondérer l'attract par l'adhésion à l'idéal, préférer l'idée aux contingences.

La culture de la sensibilité se dit l'œuvre du fils, celle de l'entendement relève du Saint-Esprit, quant à l'œuvre du père c'est l'œuvre de la volonté conformée au divin, telle que Mosché la produisit. Ce Kaldéen semble avoir posé les colonnes d'Hercule du vouloir; et sa physionomie dépasse, plus complètement sublime, celle d'Orpheus Kasd, son émule qu'honora l'Ionie, cette fille des Yavanas hindous.

L'invention d'Israël réalisa l'idéal du vouloir providentiel : et l'effet de grandiose empêche qu'on aperçoive les défauts de cette entreprise.

Le verbe de Mosché l'emporte sur celui des autres théurges par une densité qui étonne : Jésus seul pouvait nous faire voir et toucher la barbarie des mœurs juives. Je crois que ce fut le chef-d'œuvre de cette période et que mieux ne se pouvait pas; mais s'il est nécessaire d'infatuer un peuple, de le sacrer peuple de Dieu et de vomir l'injustice sur tous ses rivaux ; au point de vue plus élevé du mage, la sagesse de Schlomo ne suffit pas à faire élever son méchant peuple au-dessus des Égyptiens, ni à nous duper, au point que nous croyions Ierouchalaïm autre chose qu'un pâle reflet de la grande Babylone.

Israël n'est qu'une œuvre kaldéenne, la dernière en date et dont la vibration est venue jusqu'à nous. Son rôle providentiel fut de servir de transition entre les deux hégémonies d'Orient et d'Occident ; Mosché prépare l'œuvre de saint Paul.

Mais la plupart des notions sur lesquelles vécut le peuple hébreu tombent devant la parole de Jésus et le cours des siècles.

Saint Louis, Louis XIV même obéissait à ce concept de nation privilégiée ; le *Gesta dei per francos* était une devise mosaïque qui s'est démentie le jour où le Nashash collectif a fait tomber la France au-dessous de la dernière peuplade d'Océanie.

En même temps, l'archéologie nous a révélé la sagesse orientale, et l'intellectuel d'aujourd'hui connaît que Paris est une ville barbare et l'État quelquechose d'innomable au-dessous des hordes d'autrefois.

Ce qu'on nomme progrès n'est autre qu'une régularisation du mal se développant dans le sens d'étendue et non en hauteur.

Le vol centralisé entre les mains d'un pouvoir anonyme s'exerce d'une sorte continuelle ; l'esclavage englobant tout le peuple prend le nom de loi, du recrutement : jusqu'à quarante-cinq ans, tout Français valide relève d'un fouet comparable à celui du négrier et ce déshonneur de la pourpre, qui a nom Lavigerie parmi les renégats, s'évertue contre la traite des noirs aux accents de cette *Marseillaise* qui sert d'hymne de la traite des blancs.

Quelle tyrannie plus épouvantable que celle qui interdit au particulier de consommer d'autres matières que celle infecte du monopole national : quel despote ordonna sous peine de prison à tout sujet voyageant pour deux mois de le déclarer au point de départ et au point d'arrivée. Je défie que l'on cite un empire oriental où le pérégrin pauvre soit emprisonné pour ce seul délit d'être pauvre ?

L'ouvrier, l'artiste ou le derviche, qui arrive à Paris et s'endort sur un banc, est condamné à un mois de prison pour vagabondage, et cela au nom de l'État et cela sous ce prétexte maudit de la patrie.

Mets en ton esprit, mon disciple, que la couronne de mage t'oblige beaucoup plus qu'elle ne t'affranchit; que tu changes de devoirs par l'initiation ; et que ton seul droit reste la désobéissance aux lois nationales.

Fais de toi ce que Mosché fit d'une horde, fais de toi un Israël, c'est-à-dire sois une volonté providentielle.

Par deux points, vouloir et conception théique, tu accompliras l'œuvre du père et la première phase de la magification.

Mon enseignement mêle les trois voies parce qu'il se manifeste à la fois élémentaire et synthétique : l'urgence la plus impérieuse veut que tu changes, par une option consciente, suivant l'arcane vingt qui comprend la dextre et le senestre du libre arbitre.

Fonde ta vie en formule théocratique afin que préparée par la rigidité du dessein et la sérénité de la conception tu reçoives sans défaillir l'attouchement divin du cœur de Jésus.

Si tu es un chevalier qui prie, c'est-à-dire une épée à poignée crucifère, bientôt la rose de la charité et de l'art va éclore et émousser la pointe de son glaive, car la force est une forme autant qu'un mouvement.

Remémore-toi cette vision de Dieu, qui porte le nom d'*Œlohim de Ihaveh* et invoque la Cause, par Geburah.

Efforce-toi de pouvoir sans mensonge confondre tes adversaires avec les injustes. Qui surgira contre toi dans le chemin des Bons sera frappé parce que, dans cette voie, on est protégé dès qu'on la parcourt.

Mais chaque fois que tu prendras ton intérêt et ta passion, pour une sainte colère, tu seras frappé toi-même comme blasphémateur.

Dieu n'est qu'avec Dieu et ne venge que lui, c'est-à-dire que tu existes à la façon d'un clerc, quelconque en lui-même, auguste s'il porte l'eucharistie.

L'homme ne vaut rien en soi et ne peut rien par lui ; mais l'homme, fidèle chevalier de la Providence, vaut comme Dieu et peut comme Dieu, parce que le divin est toujours tout-puissant, partout il rayonne. Appelle, reçois et garde ce rayon ; tu auras accompli sur toi l'œuvre du Père.

II

L'ŒUVRE DU FILS

Les trois personnes divines dans la création s'appellent le Dieu Un ; le caractère même de cet Israël dénommé le peuple de Dieu, apparaît dans sa nette croyance à l'unité divine ; ce haut prestige lui fut donné par le Kaldéen Mosché.

Le *Discours sur l'histoire universelle* produit cette étrange impression que, avant Jésus, les seuls Israélites ne furent point idolâtres. Aujourd'hui la fresque Bossuétique n'a plus d'autre valeur que celle de l'art grandiose qui en a disposé les traits décoratifs.

Pendant le règne du Père, le Saint-Esprit fut toujours honoré dans le secret des sanctuaires; la race rouge atlanto-égyptienne, la race sémitique ou kaldéo-étrusque, la race arya indo-médique et même les Suméro Touraniens furent théocrates, hiérarchiques, et conduits par des sacerdoces magiques qui possédaient la totalité du savoir métaphysique.

Que l'idée soit impuissante à réfréner le collectif passionnel, ou que les sacerdoces, comme celui de Misraïm à l'époque de Mosché, n'aient jamais voulu semer les pensées abstraites sur les peuples, la vérité devint stérile ; le bien divorça tout à fait d'avec la pensée, et quand l'ignoble populace de légionnaires succéda aux abominables brutes militaires de l'Assyrie, il n'y eut plus de bonté sur la terre : l'humanité sans cœur devait mourir. Alors la seconde personne divine s'incarna et l'on vit Dieu s'immoler sur la croix pour que de son supplice et sa mort naquissent enfin cette pitié, cette douceur et cet esprit de paix qu'on nomme charité.

L'œuvre du Fils fut une œuvre d'âme, il vint non pas réformer l'entendement, mais l'obliger à l'expansion d'amour ; il imposa la bonté au cerveau.

Dès lors, le règne de la brute homicide finit, dès lors un guerrier s'appela un bandit quand il ne fut pas le bras de la justice. Le Golgotha a prouvé que la vic toire appartient à la seule innocence, que la royauté n'est que le droit de se dévouer, que les victimes volontaires et conscientes seules désormais feront les conquétes et recevront l'hommage des siècles.

La seconde période de l'initiation correspond au second cycle de l'histoire.

L'Amour succède à la Force dans les faits ; qu'il succède ainsi en toi-même. On n'est victorieux de Nahash que par les sentiments désintéressés et altruistes.

Sous le règne du Fils, il ne suffit plus de résister à l'Attract, il faut l'annuler, le révulser.

Être capable d'un égoïsme, d'un intérêt tout à fait individuel, empêche l'approche de ce deuxième degré.

La justice ne suffit plus devant Dieu le fils, il faut la miséricorde. Avoir pitié dépasse avoir raison; et celui qui pardonne surplombe cet autre seulement équitable.

La culture de la volonté nécessite une dureté sur soi-même qu'il ne faut pas étendre au prochain.

Percevant les mobiles lamentables des pires actions et des faiblesses, l'initié ne ressent les colères du nabi que contre l'État, c'est-à-dire la congrégation du mal.

Jamais un verbe ne fut aussi obéi que celui de Jésus ; la passivité du martyr fait une belle suite au Calvaire, et l'éternité de l'Église provient de ce sang innocent, de ce sang des agneaux de Dieu qui, cailloté en rubis radieux, sert de base à l'Évangile et à sa loi.

Toutefois, le christianisme devenant le catholicisme, passa du passif à la plus vive activité, le pape fut roi parce qu'il était de l'essence de la papauté de ne subir aucune pression et de posséder une ville sainte et inviolable.

C'est encore l'idée scélérate de Patrie ou banditisme collectif qui fit le plus de taches au catholicisme ; les uns, comme Simon de Montfort, poursuivirent leurs ambitions sous forme d'exterminer l'hérésie, les autres comme ces déplorables Espagnols, ingrats, lâches et sanguinaires, prirent le prétexte catholique pour rançonner et décimer ces Maures, sans lesquels ils seraient encore privés de toute culture.

Autant un Lavigerie trahit l'Église en se servant du crucifix pour dociliser l'Arabe au joug de son vainqueur, autant il y a de sottise à croire que la prière doit être la seule arme des catholiques.

La propagation de la Foi devrait avoir lieu à Paris d'abord et non pas chez les nomades qui d'aucune sorte n'influeront jamais sur la marche de l'humanité; mais à vouloir, au mépris du climat et des différences de race, catholiser l'Orient, la seule et digne voie serait, pour le missionnaire, de convertir le marabout. Vraiment, il n'y a aucun honneur à faire changer le vulgaire de manitou; il y a même une inconsciente scélératesse puisque derrière le missionnaire se dresse le soudard de la métropole; et le doux Jésus devient par ce fait le symbole de la conquête et de la spoliation.

Tant que le clergé romain n'aura pas converti les brahmes les plus notables, la propagation de la Foi, malgré ses martyrs, restera une œuvre de spoliation occidentale.

Le missionnaire apportant en Algérie ou en Chine

sa routine française devrait épouser le collectif algé-
rien ou chinois, devenir patriote de son lieu d'évan-
gélisation et lutter contre l'Occident ; ce serait moins
abominable que ce qui se produit.

Cependant le rôle du prêtre apparaît neutre et en
fait, dévoué à la seule justice, ou bien ouvertement
pour le faible et l'opprimé, suivant une parole qui
serait dite par le Saint-Père et qui, prononcée de si
haut, deviendrait l'arrêt véritable de la Providence !

La conduite du catholique comme de l'initié se compose de mansuétude sur tout ce qui ne gêne ni la foi
ni la culture. Mais il ne faut pas prendre la lâcheté pour
la douceur ; les évêques qui ont laissé leurs séminaristes revêtir l'uniforme de l'homicide et s'y exercer
sont des drôles qui mériteraient les huées de leurs
ouailles, et quand ces séminaristes - soldats seront
ordonnés prêtres, il n'y aura pas, je pense, un seul
catholique à leur messe et qui accepte de leur main
d'assassin national et de sacrilège, la divine Eucharistie.

Concilier la force du père avec la bonté du fils ; être
doux et ferme, volontaire et miséricordieux, ne pas
faiblir et ne pas s'endurcir, demeurer inexpugnable en
son vouloir et bénin dans ses actes, voilà la formule de
ce second degré.

Jésus-Christ, du haut de sa croix, a instauré un nouvel héroïsme et un nouvel amour.

Il a donné la victoire à qui la méritait ; il a donné son exemple.

Cet exemple, qui est toute la religion, enseigne la sublimité de l'holocauste volontaire ; car le dernier mot du vouloir, c'est de consentir à la douleur et à la mort, et y consentir au profit de l'indignité même. Il n'y a rien au delà du sacrifice de soi pour l'impersonnel « tous ».

Jusqu'au Golgotha, on avait vu des orgueilleux batailleurs, des rivalités furieuses, de grands coups d'ivresse brutale ; mais non pas l'innocence marchant à la victimation, pour qu'il soit fait grâce au crime triomphant.

Née au cours de la Passion, cette nouveauté de l'âme, la charité, a mis au cœur de l'homme un reflet véritablement céleste.

Par elle s'accomplit l'œuvre du Fils ; par elle qui rend solaire, vivifiante et salvatrice la volonté du Père et irradiante la subtilité du Fils.

III

L'ŒUVRE DU SAINT-ESPRIT

L'indignité humaine a épuisé la grâce de Dieu le Père qui resplendit sur l'Orient; il semble que les mérites de la Passion de Notre-Seigneur soient dépassés par l'iniquité croissante de l'homme.

L'espoir attend encore une grâce nouvelle, et comme un troisième salvement. Préjuger de la manifestation du Saint-Esprit serait impie, annoncer son prochain triomphe répète un sentiment commun à tous les grands esprits depuis des siècles, et conclut d'après le tableau contemporain du sacrilège occidental.

Le caractère spécifique du péché actuel réside en son essence nationale.

Le Français assassine et vole peu : la France vole et assassine tous les Français sous la forme d'impôts et de vexations militaires. Pris isolément, députés et ministres sont d'un commerce sans danger, comme fonctionnaires ils sont scélérats. Enfin le premier venu, interrogé, ne se décélera ni fou, ni infâme, et cependant l'État français est fou, est infâme au delà du possible ; aujourd'hui le mal n'a qu'un nom, et ce nom c'est la patrie. Aucun homme en son privé ne croit à l'égalité, l'État salit tous les monuments de cette ordure en sept lettres.

Je ne connais point d'autre athée que l'Etat, d'autre voleur que l'État, d'autre bandit que l'État.

En face de ce phénomène formidable de l'erreur entraînée et du mal honoré sous les traits de la patrie, je prévois un cataclysme sans nom où crouleront les vaines nationalités ; et sur ces décombres du monde latin la Norme manifestera le Saint-Esprit comme Jésus a surgi sur les ruines du monde romain.

Les crimes de l'autorité et de la fausse science relèvent du Saint-Esprit ; comme les péchés de la volonté crient justice au Père, et les duretés du cœur, vengeance au Fils. Or, la méchanceté individuelle se restreint à mesure que la recherche du bien-être nous rend égoïsement pénible le spectacle de la souffrance. Nous n'avons pas la férocité des fils de Dominique, mais l'anonyme nation française égale et Torquemada et Tibère moins la pompe de l'un, et l'énorme fantaisie de l'autre. Ainsi la troisième phase de l'initiation correspond au cycle du Saint-Esprit ; ainsi pour parachever en soi le miracle de sublimation, il faut rejeter avec violence toute nation qui attente à la céleste subtilité.

Quiconque pactise avec la démocratie, quiconque vote, quiconque n'exècre pas l'État d'aujourd'hui, ses hommes et ses œuvres, ne sera jamais mage, et je me flatte que s'il essayait de concilier quelque chose de mon enseignement, avec quelqu'une des aberrations du temps, une subite démence frapperait le profanateur de l'antique ascèse.

Il n'y a pas à consulter l'astrologie pour savoir quel astre régira demain, et le sens de la révélation suffit à comprendre que la parole est au Saint-Esprit, parce que la prévarication occidentale le force à intervenir terriblement.

Sors donc, par le reniement intérieur, de la Pentapole latine, secoue la cendre de tes pieds sur ce peuple qui a chassé Dieu ; et puisque l'idole Patrie a pris la place de Jésus, que la patrie s'écroule. La France a renié Dieu et son Église ; renie la France, mon disciple, au nom de l'Église, ta Matrie.

Au moment de te quitter, un suprême conseil et aussi sincère que tous ceux de ce livre. Je te convie à ne jamais te dégironner de l'Église, quoi qu'elle fasse.

La papauté est la seule chose encore debout ; rallie-toi à son étendard. Il n'y a pas de vérité à énoncer qui vaille l'autorité hiérarchisée, et la cohésion catholique demeure le seul salut possible.

Réserve toute indulgence pour Rome, toute ta patience en sa faveur.

Tu peux hardiment nommer du nom qu'ils méritent évêques assermentés et cardinaux diplomates, mais le mot d'ordre suprême est celui-ci : « Sauvez le Pape ».

Car le Saint-Esprit ne se manifestera qu'au balcon de Saint-Pierre, et la magie, ce couronnement, n'aurait point de base, sans l'édifice religieux.

Parle, cultive, écris exclusivement la divine langue française, car ce sera demain, après l'invasion jaune la troisième langue classique et la prépondérante. Présent à tous les mystères de la foi, le Saint-Esprit voit d'un œil bénin l'intellectuel, car le juste de bientôt s'appellera le mage. La défense de la foi n'est plus aux mains de la piété, mais aux mains qui œuvrent.

Les saints qui sont proches seront des génies et des théosophes ; le pouvoir des simples a fini, l'avenir appartient aux subtils et aux sages.

Le clergé ne produisant plus les grands effets de la sainteté verra décroître son prestige à moins qu'il n'apporte dans son ministère cette fermeté qui fait dire d'un homme : c'est un caractère.

Ce qui défie le doute, c'est la nécessité pour les justes d'être incomparablement cultivés ; à une époque où tout le monde lit le journal et croit ne pas être illettré il faut que l'élite devienne mandarine. J'emploie ce mot à dessein, pour exprimer un souci d'ésotérisme dans la pensée et l'esthétique. Il faut que désormais l'œuvre d'art soit d'un ordre si élevé que le peuple la sente sans la comprendre ; il faut surélever lettres, sciences, arts hors de la portée de la foule, afin qu'une aristie nouvelle et évidente paraisse, seule lettrée, seule savante, seule œuvrante, en face de la vieille canaille humaine.

La marque du Saint-Esprit est la subtilité ; comme la charité est celle du Fils, et la volonté celle du Père. Aucune ne peut se passer des deux autres, mais la plus appropriée aux exigences du temps présent est la sainte subtilité.

Maintenant, mon disciple, ce serait commencer l'enseignement intellectuel que de poursuivre et j'attendrai l'accueil qui sera fait à ce premier discours. S'il trouve un véritable écho je m'engage à traiter toute la matière occulte, dans l'ordre le plus profitable. S'il rencontre l'indifférence je me tairai comme mage, reportant mon souci vers l'art qui me donna tant de joie.

Que tu me loues, que tu me blâmes, il importe seulement que tu profites. Arrivé à cette dernière page te sens-tu meilleur et incité noblement ? T'ai-je communiqué le goût du mystère : as-tu senti naître en toi les ambitions sublimes ?

Si je t'ai fait du bien, je suis exaucé en mon vœu, et mon but est atteint.

Ceci est plus une action qu'une œuvre ; j'aurais voulu non pas hésiter sur une seule idée, mais en achever la forme, je dois y renoncer.

Étranger, catholique et Sar, je trouve la malveillance tapie jusque dans les bibliothèques, et j'œuvre au milieu d'une telle insécurité que je ne produis pas à ma mesure.

Il a fallu dix ans pour que ce livre fût possible : et je le considérerais comme une victoire, si je ne préférais y montrer un cri d'impatience au Saint-Esprit, dont l'œuvre va s'accomplir et où j'espère avoir la place du buccinateur qui le premier courut par les villes disant : « Le Saint-Esprit va naitre, le Saint-Esprit est né ». Amen !

FIN

TABLE

LIVRE PREMIER

Le Septénaire du sortir du siècle

LIVRE DEUXIÈME

Le Duodénaire de l'ascèse magique

LIVRE TROISIÈME

Le Ternaire du Saint-Esprit

COMMENT ON DEVIENT FÉE

ÉROTIQUE

SECOND TRAITÉ DE

L'AMPHITHÉATRE DES SCIENCES MORTES

Comment on devient Mage est le manuel magique de l'homme ; *Comment on devient Fée*, celui de la femme.

Pour la première fois, depuis l'antiquité, l'initiation féminine sera divulguée, en adaptation à la contemporanéité et sur le plan même de l'éthique mâle.

SCHÉMA DE CONCORDANCE

DE L'ÉTHOPÉE

LA DÉCADENCE LATINE

EN QUATORZE ROMANS

(Onze parus chez Dentu.)

PREMIER SEPTÉNAIRE

I. — **Le Vice suprême.** Diathèse morale et mentale de la décadence latine : *Mérodack*, sommet de volonté consciente, type d'entité absolue; *Alta*, prototype du moine en contact avec le monde; *Courtenay*, homme-destin insuffisant, envoûté par le fait accompli social; *L. d'Este*, l'extrême fierté, le grand style dans le mal; *Coryse*, la vraie jeune fille; *La Nine*, androgyne, mauvais ou mieux, gynandre : *Dominicaux*, pervers conscients, caractère d'irrémédiabilité résultant d'une théorie esthétique spécieuse pour chaque vice, qui tue la notion et partant la conversion. Chaque roman a un Mérodack, c'est-à-dire un principe orphique abstrait en face d'une énigme idéale (1884-1891).

II. — **Curieuse.** Phénoménisme clinique collectif parisien. Éthique : *Nébo*, volonté sentimentale systématique. Érotique : *Paule*, passionnée à prisme androgyne. La Grande horreur, la Bête à deux dos, dans la *Gynandre* (ix) se métamorphose en dépravations unisexuelles. *Curieuse*, c'est le tous les jours et le tout le monde de l'instinct; la *Gynandre*, le minuit goétique et l'exceptionnel (1885-1891).

III. — L'initiation sentimentale. Les manifestations usuelles de l'amour imparfait, expressément par tableaux du non-amour, car de l'âme moderne générale, faute d'énormon sentimental chez l'individu, résulte une puissance d'aimer (1886-1891).

IV. — A cœur perdu. Réalisation lyrique du dualisme par l'amour : réverbération de deux moi jusqu'à saturation éclatante en jalousie et rupture; restaurations de voluptés anciennes et perdues (1887-1891).

V. — Istar. La race et l'amour impuissants dans la vie moyenne. Massacre nécessaire de l'exception par le nombre, ligue anti-amoureuse des femmes honnêtes transposant la pollution en portée de haine (1888-1891).

VI. — La Victoire du mari. La mort de la notion du devoir ; le droit nerveux de la femme. Antinomie croissante de l'œuvre et de l'amour ; corrélation de l'onde sonore et de l'onde érotique ; invasion des nerfs dans l'idéal (1889).

VII. — Cœur en peine. Départ d'un nouveau cycle. *Tammuz* n'y est qu'une voix qui prélude aux incantations orphiques de *la Gynandre* ; *Bélit*, passive radiante, y perçoit sa vocation d'amante de charité qui s'épanouira dans la Vertu suprême. Elle y évoque une des grandes gynandres, *Rose de Faventine* (ix). — Roman à forme symphonique, préparant à des diathèses animiques invraisemblables, pour les superficiels lecteurs de M. de Voltaire (1890).

LA DÉCADENCE LATINE

ÉTHOPÉE

EN QUATORZE ROMANS

(Onze parus chez Dentu.)

SECOND SEPTÉNAIRE

VIII. — L'Androgyne. Monographie de la Puberté, départ pour
la lumière d'un œlohite *Samas*, épèlement de l'amour et de la
volupté. Restitution d'impressions éphébiques grecques à travers
la mysticité catholique. Clef de l'éducation et anathème sur
l'Université de France. La quinzième année du héros moderne,
c'est-à-dire du jeune homme sans destin que son idéal ; monographie de toute la féminité d'aspect et de nerfs compatible avec le
positif mâle.

Stelle de *Sénanques*, étude de positivité féminine : puberté de
Ghynandre normale (1891).

IX. — La Gynandre. Phénoménisme individuel parisien, Éthique :
Tammuz protagoniste ionien orphique, réformateur de l'amour ;
victoire sur le lunaire. Érotique : usurpation sentimentale de la
femme. Grandes Gynandres, Rose de Faventine, Lilith de Vouivre,
Luce de Goulaine, Aschera, Aschtoret, personnages réapparais-
sant de l'*Initiation Sentimentale*. L'habitarelle, la marquise de
Nolay, Lavalduc, y reparaissent aussi. La Nine et partie des domi-

nicaux. En ce livre se retrouve le grouillis de soixante personnages qui fait préférer le I de l'Éthopée aux suivants ; en ce livre aussi toutes les déformations de l'attrait nerveux, les antiphysismes et la psychopathie sexuelle, d'où il découlera que les auteurs récents ont tous touché à cette matière en malpropres et en niais (1894).

X. — **Le Panthée**. L'impossibilité d'être pour l'amour parfait, sans la propicité de l'or. Amour parfait entre deux œlohistes, égrènement des circonstances plus fortes qne la beauté et le génie unis par le cœur. Démonstration que l'amour dans le mariage ne peut être tenté que par les riches ou les simples (1891).

XI. — **Thyphonia**. Héros : Sin et Vruck. Stérilisation de l'unité lyrique par le collectif provincial. Démonstration de la nécessité de la grande ville pour désorienter la férocité de la bourgeoisie française : sermon du P. Alta sur le péché de haine ou péché provincial.

Évolution nihiliste chez un adolescent après l'attentat du conseil de revision : doit-on son sang à l'État ? Non. La province n'existe pas pour la civilisation : le vice lui-même ne la polit pas. Aucun génie ne résiste au face-à-face avec la province. Envoûtement par le collectif (pour avril 1892).

XII. — **Le dernier Bourbon**. La race et l'honnêteté décadentes plus funestes que la vulgarité et le vice. Problème de la politique. La raison monarchique et la déraison dynastique en ce cas Chambord. Personnages du *Vice suprême !* le prince de Courtenay, le prince Balthazar des Baux, Rudenty (Curieuse), Marestan, duc de Nîmes, Marcoux. Peinture du dernier boulevard de légitimité, pendant l'exécution des décrets de l'infâme Ferry ; étude des progressions animiques collectives et de l'âme des foules. Horreur de la justice française, billevesées de la légalité. Démonstration que les catholiques français sont des lâches, et que l'histoire de ce pays est finie. Dans la chronologie de l'Éthopée,

le XII est antérieur au *Vice suprème*. On y voit les débuts de
Marcoux, l'élection de Courtenay (pour juillet 1892).

XIII. — [La lamentation d'Ilou. Défaite des grandes volontés
de lumière : Ilou, Mérodack, Alta, Nébo, Nergal, Tammuz, Rabbi,
Sichem, du *Finis Latinorum* : Oratorio à plusieurs entendements
Jérémiades où Alta donne la preuve théologique ; Nergal, psy-
chique ; Tammuz, érotique ; Sichem, comparée ; Mérodack, magique ; Ilou, extatique ; que la Latinité est finie.

XIV. — **La Vertu suprème.** Le « quand même » des volontés de
lumière, après l'évidence de l'irrémissible damnation du collectif.

Mérodack y réalise tout à fait la Rose-Croix commencée au
château de Vouivre (VII). Bélit tient le premier plan féminin avec
la plupart des gynandres (IX) ; Tammuz, Alta, Sichem, Nébo,
Paule Riazan, Samas y rayonnent. Les originaux du salut, excen-
triques de la vertu, poètes de bonté et artistes de lumière : aristie future !

10 MARS 1892

GALERIE DURAND-RUEL

SALON

DE LA

ROSE † CROIX

RÈGLE ET MONITOIRE

Une brochure chez Dentu. Prix : 1 franc.

NOTE POUR L'HISTOIRE LITTÉRAIRE

LE PRINCE DE BYZANCE

Drame wagnérien en cinq actes.

A été refusé, au théâtre national de l'Odéon, le 7 avril 1890,
en ces termes courtois, par M. Porel :

MONSIEUR,

La situation de Cavalcanti, qui croit le prince Tonio un homme
et qui l'aime « mystiquement » ; celle de Tonio se disant androgyne ou ange ; l'accusation de sodomie lancée par la marquise
sur vos deux héros : tout cela ferait votre drame effroyablement
dangereux à la représentation. De plus, si étrange, si curieux qu'il
soit, il est d'une longueur formidable. Enfin, ce qui est plus
grave, je crains bien que le public ne puisse comprendre les
sentiments et le langage de vos personnages. Il y a dans votre
œuvre du mysticisme, du néo-platonisme, de la philosophie quelque peu ténébreuse, des abstractions... ; de très belles choses
qui, à mon avis, effrayeraient la grande masse des spectateurs, à
qui je dois songer malheureusement en montant une pièce qui
coûterait fort cher.

Pour ces raisons, Monsieur, j'ai le regret de ne pouvoir accepter
votre drame *le Prince de Byzance*.

POREL.

REFUS DE LA COMÉDIE-FRANÇAISE

LE PRINCE DE BYZANCE

Drame wagnérien en cinq actes.

A été refusé au théâtre national de la Comédie-Française le 27 mai 1891,
en ces termes archi-courtois, par M. Jules Claretie.

CHER MONSIEUR,

Je ne vous conseille point de présenter officiellement le *Prince de Byzance* aux lecteurs de la Comédie.

Ils vous diraient, après moi, que votre drame romanesque ne serait certainement pas reçu par le Comité.

« C'est mon *Rienzi*, m'avez-vous dit quand vous me l'avez apporté, mon *Rienzi* en attendant mon *Lohengrin*. »

Eh bien, dans un drame, toute la musique du monde ne peut remplacer l'action, une action claire, précise, nettement définie.

La forme, quelque précieuse qu'elle soit (précieuse dans le bon sens) ne donne pas la vie aux êtres que le public doit et veut comprendre. Le lyrisme de vos personnages ne remplace pas l'humanité, qui, sur les planches, les misérables planches, est la grande et peut-être la seule vertu.

Je ne méconnais pas l'œuvre d'art que vous m'avez fait lire, mais je ne crois guère à la possibilité de la représentation du *Prince de Byzance* sur un autre théâtre que celui que pourrait diriger quelque roi de Bavière.

En France, l'art dramatique ne chevauche pas encore sur un cygne.

Et maintenant, allez-vous encore me trouver le mieux bienveillant des écrivains? Je crains que non. Mais je suis, de vos lecteurs, le plus attentif et le plus curieux, un des plus dévoués aussi et je reste cordialement à vous.

JULES CLARETIE.

AUX SOIRÉES DE LA ROSE ✝ CROIX

MARS-AVRIL 1892

RÉDUCTION CONCERTANTE

DE

LE FILS DES ÉTOILES

Pastorale kaldéenne en 3 actes

DU

SAR JOSÉPHIN PELADAN

ET DE

ROSE ✝ CROIX

Mystère en 4 actes

MUSIQUE D'ÉRIK SATIE

TOURS, IMP. E. ARRAULT ET Cie

www.ingramcontent.com/pod-product-compliance
Lightning Source LLC
Chambersburg PA
CBHW051515050726
47595CB00002B/333